Pierre Kynast

Trialektik

1. Dieses Buch handelt vom kleinsten gemeinsamen Nenner, auf den man die Welt bringen kann. Er heißt drei.

Etwa zwei Drittel des Buches leuchten ein wenig das gedankliche Umfeld aus, in dem sich die Ausführung dieses Gedankens entwickelte. Das übrige Drittel und den Kern des Buches bildet die Fassung dieses Gedankens selbst, der Grundriss zur Trialektik.

Das an der Drei etwas dran sein muss, ist sozusagen ein alter Hut. Das Neue hier ist, dass die Drei systematisch grundlegend in den Griff genommen und als Metaphysik, Ontologie beziehungsweise einheitliche Theorie und Grundlage einer Logik entwickelt wird. Mit wenigen Grundannahmen sind einige weitreichende Implikationen notwendig verknüpft. Bestimmte Bedeutungen des Satzes „Tertium non datur" müssen aufgegeben werden. Der „Beweis der Drei" formuliert die grundlegenden Bedingungen, unter denen dieser Satz überhaupt noch aufrechterhalten werden kann. Die Überwindung der überkommenen Vorstellungen, Begriffe und Wahrnehmungen von Raum und Zeit rückt vielleicht etwas weiter in greifbare Nähe.

Ein Stück Philosophie für übermorgen, das ist es, was ich mit diesem Buch gern gemacht haben würde. Die Zeit wird zeigen, wieweit mir das gelang.

TRIALEKTIK

ENTWURF EINES METAPHYSISCHEN SCHEMAS ZUR

BESCHREIBUNG UND BEHERRSCHUNG DER

WIRKLICHKEIT

VON

PIERRE KYNAST

JAHR

2011 – 123 N.Z.

Pierre Kynast
Philosophie I

Trialektik
Entwurf eines metaphysischen Schemas zur Beschreibung
und Beherrschung der Wirklichkeit

Schlagworte
Philosophie, Metaphysik, Ontologie, einheitliche Theorie, Weltformel, drei, Dreiheit, Dreieinigkeit, dreiwertige Logik, formale Sprache, Metasprache, Trias, Triade, Tripel, Trinität, Trialektik

Impressum

© Pierre Kynast, Merseburg an der Saale, 2003 bis 2012
Internet: http://www.pierrekynast.de
Umschlag- und Titelgestaltung: Pierre Kynast
Titelbild: Raffael. La scuola di Atene (Die Schule von Athen)

Erste Ausgabe
© pkp Verlag, Pierre Kynast, Leuna, Januar 2013
Internet: http://www.pkp-verlag.de
Herstellung und Vertrieb: Books on Demand GmbH, Norderstedt
Gebundene Ausgabe: ISBN 978-3-943519-01-3 – Taschenbuch: ISBN 978-3-943519-02-0 – E-Book: ISBN 978-3-943519-03-7

INHALT

Beweis der Drei..9

Erster Teil
Früchte der Muse..11

Zweiter Teil
Thesen zu Herrschaft und zum Wesen der Welt............ 15
I   Thesen zu Herrschaft... 15
Gedanken über Deutschland in der Welt......................15

II   Zum Verständnis des Herrschens........................ 22
Herrschaft und die Pyramide...22
Repräsentation ist nicht Herrschaft................................27
Eine philosophische Bestimmung von Herrschaft..................30
Meine Bestimmung von Herrschaft 30
Drei Beispiele und ein Ausblick.....................................31

III   Thesen zum Wesen der Welt................................. 32
Grundsatz: Alles Dasein ist dreidimensional, nichts nicht.......32
Grundlagen der Mathematik...33
Basis der Trialektik..34

IV   Schluss... 37

Dritter Teil
Grundriss zur Trialektik... 39
Kritik einer jeden Metaphysik und Ziel........................39
Einleitung und Vorwort...40

I   Erste Sätze, Erläuterung und formale Fassung der trialektischen Basis... 42

Nichts ist nicht. Von der Unentrinnbarkeit und der Grenze der Welt 43
Nichts ist nicht dreidimensional 44
Nichts ist nicht Gehalt, nicht Grenze und nicht Richtung. Alles ist Gehalt, ist Grenze und ist Richtung – Nichts ist nicht. 48
Typen 52
Zur formalen Darstellung der Ausprägung von Daseinsformen
.... 55

II Weitere Erläuterungen 56
Bedeutungsfelder der Begriffe „Grenze", „Gehalt" und „Richtung" 58
Abgrenzung des Schemas 59

III Die dimensionale Verbindung der Daseinsformen. 63
Die Arten unvermittelter Verbindung 64
Unvermittelte zweidimensionale Verbindung 65

IV Zum Erfassen der Dimensionen 67
Ebenendifferenz 68
Erfassen der Dimensionen 70
Schematische und grundlegend vollständige Darstellung möglichen Erfassens 72
Die These der totalen Ausgewogenheit 76

V Unvermitteltes Erfassen von Daseinsformen 77
Eindimensionales unvermitteltes Erfassen 79
Der Hund an der Leine 79

VI Beispiele 81
Das dritte Reich. Historisierende Verdeutlichung trialektischen Erfassens 81
Das Reich der Ideen 86

VII Richtung 88
Richtung als Potenzial 89

Gehalt als Einheit und Streben zur Einheit als Brücke 91
Die eine Richtung der Richtung..91
Die drei Richtungen der Richtung 92

VIII Schluss **93**

Anhang I zum Grundriss zur Trialektik **95**
Kants Kritik des Raumbegriffes in der „Kritik der reinen
Vernunft"; im Wortlaut der ersten Ausgabe (A). 95
Weiterführende Bemerkungen zu Kant...................................101

Anhang II zum Grundriss zur Trialektik **103**
127. Aufstellung 63 grundsätzlicher Möglichkeiten
dimensionaler Einigkeit von Daseinsformen 103

Anhang III zum Grundriss zur Trialektik **104**
Auszug aus Carl von Clausewitz „Vom Kriege". Erster Teil.
Erstes Buch „Über die Natur des Krieges". 1. Kapitel „Was ist
Krieg?" 104
Weiterführende Bemerkungen zu Clausewitz 105

Anhang IV zum Grundriss zur Trialektik **106**
Georg Spencer-Brown. Gesetze der Form 106

Vierter Teil
Aphorismen... **111**
I **Anthropologisches** **111**
II **Philosophisches**.. **115**
III **Politisches** **117**
IV **Meta**..**123**

Fünfter Teil
Ein architektonischer Entwurf **127**

Anhang
Literatur **129**

Trialektik

BEWEIS DER DREI

2. *Was ist, kann was es ist nur sein im Kontrast zu einem anderen und erfasst von einem Dritten.*
Dies ist die Essenz oder, besser gesagt, der Gipfel, der mit diesem Buch erreicht ist und ausdrücklich nicht bloß Erkenntnistheorie. Der vorliegende Grundriss zur Trialektik ist unter der Prämisse, dass *nichts nicht ist*, als Metaphysik entwickelt worden. Unter anderem ist damit eine Möglichkeit formuliert, überkommene Dualismen zu entspannen und in einer umfassenderen Sphäre aufzuheben. Das vorgestellte Modell bewirbt sich darüber hinaus als Basis einer originär dreiwertigen Logik und Grundlage zur Übersetzung von Sprachen.

Trialektik

Erster Teil

FRÜCHTE DER MUSE

3. „Irrtum ist Feigheit" (Nietzsche) Was ist es also, was uns vor Irrtum bewahrt?

4. Myriaden, Rausch, das Ende aller Sterblichkeit. Nichts will ich für mich – denn ich bin alles.

5. Furcht und Hoffnung haben den gleichen Namen. Beide heißen: „Was wäre, wenn ..."

6. 28. August 2005 – Triff mich tief, so hättest du dir einen Lorbeer verdient. Das wäre ein wahrer Freundschaftsdienst, mich tief zu treffen, mich vor mich selbst hinzustellen, wie ich noch nie vor mir stand, mich etwas Neues von mir sehen zu lassen, einen Abgrund mehr – zu überwinden oder anzunehmen. Übermenschen schonen sich nicht, sie treiben sich gegenseitig immer weiter über sich selbst hinaus und in sich selbst hinein – so werden sie immer umfänglichere und immer tiefere Gestalten.

7. Das Fleisch denkt. Soweit haben wir verstanden – heute. Der Gedanke ist Fleisch. Das geht uns schon etwas schwerer ein. Es ist aber dasselbe damit gemeint.

8. Die Sprache wird sich im Sein bewusst, nicht das Sein sich in der Sprache.

9. Was ist deutsch? – Eine geografisch-psychologische Antwort: Deutsch ist das zwischen italienischer Leidenschaft und britischer Kühle, das zwischen spanischem Temperament und russischer Depression.

10. Lieber noch an Übermut zugrunde gehen als in Feigheit dahinsiechen.

11. Wo es um die Sache geht, da hat man Menschen anzugreifen. Wo es um Menschen geht, da hat man Sachen anzugreifen.

12. Unter der Prämisse, sich durchsetzen zu wollen, hat man dort, wo einem die Klarheit fehlt, dieselbe durch Pathos zu ersetzen.

13. Die Vernunft ist willenlos. Sokrates ist der dritte Gott.

14. Wart ihr schon mal so glücklich, dass es euch Angst gemacht hat? Wusstet ihr schon mal, wie blöd ihr wart ... und hattet Angst vor euch selbst, vor eurem „ich war"? Es ist der Zeitpunkt des leisesten Versprechens. Ihr habt einen großen Menschen getroffen. Haltet euch fest und ihr werdet ihn gewinnen. – Meine stillste Stunde.

15. Am Ende zählt wahrscheinlich nur eins: Hast du das Glühen in deinem Herzen zum Brennen gebracht?

16. Alles Große ist krank. Liebt eure Defekte.

17. Eigentlich für Kinder. – Dass man dieselben Worte benutzt, heißt nicht, dass man über dasselbe spricht.

18. Man sollte das (mutmaßliche) Urteil der anderen über sein eigenes Urteil nicht in die Überlegungen einbeziehen, die zu eben diesem führen.

19. 1. Januar 2007 – Die Fairness liegt in der Konsequenz.

20. Verbunden, getrennt. – Nicht ist alles zugleich getrennt und verbunden oder alles verbunden oder alles getrennt. Alles kann verbunden und getrennt werden. – Der Wille.

21. *Du bist das Maß! – Ja, du! Es geht nicht darum, dass du etwas richtig oder falsch machst, sondern die Dinge sind richtig oder falsch vor dir. Du bist das Maß! – Ja, du!*

Trialektik

ZWEITER TEIL
THESEN ZU HERRSCHAFT UND ZUM WESEN DER WELT

I THESEN ZU HERRSCHAFT

GEDANKEN ÜBER DEUTSCHLAND IN DER WELT

22. Nach dem Ende der großen Kriege in der ersten Hälfte des 20. Jahrhunderts wurde Herrschaft, insbesondere in Westdeutschland, hauptsächlich als institutionalisierte Gewalt gesehen, verstanden, erlebt und angesprochen. Im Affekt gegen den soeben überwundenen Faschismus und den nunmehr zur Bedrohung avancierenden sowjetischen Sozialismus bestand eine nachvollziehbare Distanz zu beinahe aller in Systemen geronnenen Macht. „Führer" und „Einheitspartei" waren Feindbilder, die kaum einer Begründung bedurften.

War es der grausame Wille zur Ausrottung eines ganzen Volkes, welcher den Nationalsozialismus schon beim ersten Anblick diskreditierte, so war es in Hinsicht auf die im Ostblock geronnenen kommunistischen Bestrebungen der drohende Untergang des freien Menschen.

„Kritische Theorie" war daher, insbesondere in Deutschland, dem doppelten Zentrum der Wirrungen und Irrungen des 20. Jahrhunderts, im wesentlichen Kritik an Totalitarismen und zielte auf deren Dekonstruktion. Auf der einen Seite wandte man sich gegen die Herrschaft eines Einheitswillens, auf der anderen Seite gegen die Herrschaft des Willens eines Einzelnen. Die politische Lösung dieser Problemstellung hieß „Demokratie" und sie bestimmte sich, als einheitliches, gegen andere abgrenzbares System, ganz wesentlich aus der Negation, aus dem, was nicht sein darf. Man war sich einig gegen die extreme Linke und man war sich einig gegen die extreme Rechte. Das war der ideologische Kern des herrschenden Verständnisses von Demokratie, der letzte Rückzugspunkt politischer Korrektheit.

Zum Ende des 20. Jahrhunderts haben sich die USA und der republikanische Kapitalismus als stärkste Kraft erwiesen und im Kampf der großen Regimes den Sieg davongetragen. Der Anspruch, global politische, wirtschaftliche und ideologische Einflusssphären zu schaffen, war nicht aufgegeben worden. Im Ergebnis ist die Erde nun soweit geeint, als man von einer globalen Oligarchie sprechen kann.

Das besonders für die Deutschen wichtige Grundverständnis von Demokratie als nicht-faschistischer und nicht-sozialistischer Gemeinschaftsorganisation ist jedoch auch aufgrund dieser Entwicklung im Zerfall begriffen. Denn mit dem Verschwinden der Feindbilder beginnt auch das aus deren Negation gewonnene Selbstverständnis ins Wanken zu geraten.

Die Entwicklung eines neuen Selbstverständnisses, eines neuen „Ja" zu uns selbst und für uns selbst, ist daher notwendig. Und dieses neue „Ja" wird umso besser sein, je mehr es nicht mehr die Folge eines „Nein", sondern vielmehr dessen Ursache sein wird, *ein „Ja", das all unser Gestern und Morgen in einem neuen Heute zusammenschweißt.*

23. EXKURS ÜBER LEGITIMITÄT. – Vom Begriff der Legitimität ist der der Legalität scharf zu scheiden. Legal heißt ein Ereignis, wenn ihm zugesprochen wird, die Satzungen des geltenden Rechtssystems zu erfüllen. Legitim bedeutet zwar im allgemeinen Verständnis ebenso viel wie rechtmäßig, dieses „rechtmäßig" geht aber in seinem Bedeutungsgehalt über die Sphäre formaler Rechtssatzung hinaus. Legitimität, könnte man sagen, ist Legalität nächsthöherer Ordnung.

Der Begriff der Legitimität ist dabei in einem gewissen Sinne diffus, denn Legitimität kann aus den verschiedensten Quellen gewonnen werden: aus dem sogenannten natürlichen Recht zum Beispiel, aus Gewohnheit, ererbter Autorität, einer bestimmten Eigenschaft oder Fähigkeit der Person oder aus ihrem ausgezeichneten Charakter, aus dem Wohl der Menge oder aus deren Willen. Selbst aus Lügen lässt sich Legitimität ableiten …

Die Quelle der Legitimität ist also nicht, wie die der Legalität, festgestellt und es ist nicht ein gemeinsamer mehr oder weniger fest umrissener Bezugspunkt, welcher den gemeinsamen Begriff rechtfertigt. Die gemeinsame Quelle aller Legitimität ist, so denke ich, das immer selbe Ereignis, und zwar der Sieg von *etwas* über etwas *anderes*, ganz gleich, wie er errungen wird. Jedes Ereignis, welches sich gegen ein anderes durchsetzt, legitimiert sich eben damit gegenüber diesem, man könnte sagen, durch die schöpferische Differenz, die ihm zum Sieg verhalf. Es ist der Beweis des Erfolges. Was eben noch schöpferische Differenz war, und Grund des Erfolges, kann nun, da bewiesen, zur Quelle von Recht werden und eine, zumindest in Teilen, veränderte Legalität wird auf Basis der neuen Legitimität möglich.

24. In Bezug auf den Nationalsozialismus waren es die Siegermächte des Zweiten Weltkriegs, welche die ideologische Neuausrichtung der Deutschen herbeiführten. Im Westen wurde Hitlers Nationalsozialismus zu Gunsten von Freiheit und Demokratie, im Osten zu Gunsten des Sozialismus ver-

dammt und verworfen. Durch Deutschland verlief die bedeutendste Frontlinie des Kalten Krieges und die Stellung zu halten, hieß, die Köpfe zu halten. Nach den Armeen mussten die Ideen besiegt werden und die Verneinung der jüngsten Geschichte war zu diesem Zweck sowohl im Osten wie auch im Westen notwendig. Zusätzlich wurde auf der einen Seite gegen den kapitalistischen Imperialismus und auf der anderen Seite gegen den Kommunismus ideologisiert und so die Stellung jeweils doppelt befestigt. Nicht nur von böser Herrschaft hatte *man* die Deutschen befreit, man verteidigte sie nunmehr auch gegen einen bedrohlichen neuen Feind.

Mit dem Ende des Kalten Krieges verlor Deutschland für die bisherigen Führungsmächte seine weltpolitische Bedeutung und gewann ein Stück seiner Freiheit zurück. Der ideologische Druck, unter dem beide Landesteile standen, brach zusammen.

25. WIEDERAUFBAU. – In der Zeit unmittelbar nach dem Verlust und den Zerstörungen des Zweiten Weltkrieges konzentrierte sich in beiden Teilen Deutschlands nahezu sämtliche Energie auf den Wiederaufbau. In Ost und West gab es in den ersten Jahren nach der totalen Niederlage kein politisches Aufbegehren mehr. In einem gewissen Sinne flüchteten die Deutschen in die Arbeit und den Siegern auf beiden Seiten kam das entgegen.

Wenn die großsozialistische Steuerung im Osten der daraus resultierenden Dynamik etwas den Wind aus den Segeln nahm, so entfaltete sie sich unter der wirtschaftsliberalen Führung insbesondere der Amerikaner und Briten im Westen besonders stark. Mit den Nürnberger Kriegsprozessen wurde die Masse der Deutschen formal entantwortet. Die Betonung der Friedlichkeit des Sozialismus ließ, nach den Schrecken des letzten Krieges, insbesondere die Menschen im Osten sich auf der richtigen Seite wähnen. Auf dem Höhepunkt des Aufschwungs der Wiederaufbauphase war wohl die herrschende Meinung in ganz Deutschland, dass die eigene jüngere Vergangenheit nichts wert gewesen war, dass man Glück gehabt hatte, davongekommen zu sein. „Nazis raus." „Nie wieder Krieg."

Seit diesem Zeitpunkt, so meine These, begann das Ressentiment gegen den Nationalsozialismus wieder zu schwinden. Der Schock war überwunden, man hatte wieder Zeit zum Erinnern und Denken und man begann langsam und sehr zögerlich wieder davon zu reden, öffentlich zuerst mehr im Westen, nach der Wiedervereinigung verstärkt auch im Osten.

Weiterhin richtete sich mit der Eskalation des Kalten Krieges der Schwerpunkt der ideologischen Bemühungen der Führungsmächte mehr und mehr vom soeben überwundenen Feind auf den neuen Gegner. Im Osten wurde daher das Kollektiv gegen die Ausbeutung durch Einzelne beschworen, im Westen die freie Entfaltung des Einzelnen gegen kollektive Gleichmacherei.

Diese zugespitzte Frontstellung darf nicht davon ablenken, dass nach dem Ende des Wiederaufbauaufschwungs auch im Westen gleichsam kollektive Bestrebungen und alte sozialistische Ideen wieder durchschlugen. Der erste Abschwung nach dem Krieg wurde hier im „Sozialstaat" abgefangen. Die damit verbundenen Bemühungen markierten den Eintritt in eine fortgesetzte Schuldenpolitik, der die Bundesrepublik bis heute nicht entkommen ist. Die DDR manövrierte sich auf dieselbe Weise, nur schneller beziehungsweise konsequenter in den Bankrott.

Es beginnt immer damit, dass man vergisst oder verdrängt, dass nur gegeben werden kann, was gewonnen wurde, dass also das Schaffen dem Vernutzen notwendig vorausgeht, und alles Weitere, was aus diesen Sätzen folgt.

26. Sowohl die Leiden im Umfeld des Ersten Weltkriegs als auch die Überwindung und Kompensation des damit verbundenen Traumas im euphorischen Massentaumel unter der Führung Hitlers haben, als kollektive Erfahrungen, die Deutschen

zutiefst prägend geeint, ebenso die totale Niederlage im Zweiten Weltkrieg.

Nicht zuletzt das dadurch gewonnene Einheitsgefühl stärkte im Westen die Basis der sozialen Marktwirtschaft und sicherte im Osten den Boden, auf dem der Sozialismus Fuß fassen konnte. Sowohl im Westen als auch im Osten waren sozialistische Vorstellungen weithin geteiltes Gemeingut. Ob nun bewusst oder unbewusst an der Volksgenossenschaft, der Arbeiterklasse oder sonst woran kristallisierend, die Deutschen empfanden sich weithin als zu einem Organismus gehörig.

Die große Gegenbewegung dazu kann in dem Wort „68" zusammengefasst werden. Dahinter stand die Ideologie vom freien, sich selbst verwirklichenden Individuum, aber selbst dieses ging noch allzu oft in der Kommune auf und kippte dort, wo es gegen den Kapitalismus war, nur allzu schnell in den Sozialismus. Eben auch dadurch gestärkt, erhielt sich unter aller Demokratie und allem Kapitalismus ein gewisses sozialistisches Grundverständnis. Im Westen wurde es zusätzlich gespeist aus dem wiederentdeckten „christlichen Menschenbild".

27. MORGEN. – Das nationale, oder besser: völkische Empfinden wurde unter dem Druck der Siegermächte auf beiden Seiten des Eisernen Vorhangs verdrängt. Nach dem Ende des Kalten Krieges erwacht Deutschland nun in einer freieren Welt und scheint beinahe dazu verurteilt, dieses Gefühl wieder zu entdecken.

Die neuerliche Ausformung und Verbindung der Elemente Nationalismus und Sozialismus liegt, den geäußerten Gedanken folgend, nahe. Dabei ist besonders der ehemalige Westen prädestiniert, den lange unterdrückten sozialistischen Strebungen nachzugeben. Nach dem Ende der Betonung des Kollektivs sowie der staatlich geförderten Gleichberechtigung der Frauen könnten, insbesondere bei den Ost-Deutschen, paternalistische Gedanken reaktiviert und verstärkt werden. Protektionistische Reflexe auf die Herausforderungen der Wiedervereinigung, Europäisierung und Globalisierung können insgesamt solche Tendenzen verstärken.

Europa scheint zwar eine Lösung für das Problem des Nationalismus zu sein, verschiebt es letzten Endes jedoch nur auf die nächsthöhere Ebene. Denn auch Europa ist eine abgrenzende Bezeichnung für einen ziemlich klar umrissenen Teil der auf dieser Erde lebenden Menschen. Insbesondere wird eine gewisse Art Sozialismus mit Europa keineswegs überwunden sein, eher im Gegenteil. Frankreich und Deutschland, zwei der großen Führungsmächte, sind sich heute gerade in ihrer sozialistischen Grundstimmung am ähnlichsten. Auch hatten beide Nationen in mehr oder weniger jüngerer Vergangenheit einen großen Tyrannen.

Weiterhin ist die *Bestechung auf fremden Kredit* einer der wesentlichen Integrationsmechanismen der EU und eine weithin geübte Praxis wohl nahezu aller demokratischen Politiker. Das macht all die Transferempfänger, seien es Politiker oder Beamte, Staaten, Unternehmen oder Unternehmer, Kranke, Schwache oder sonst wer, für den Sozialismus empfänglich. Europaweit führt es zu einem ausgeprägten Anspruchsdenken und Realitätsverlust sowie der immer dringlicheren Notwendigkeit forcierter Ausbeutung bei den direkten und insbesondere indirekten Nettozahlern! Das wiederum wird aber in letzter Konsequenz Krieg, im schlechtesten Sinne des Wortes, nach sich ziehen.

Es scheint mir insgesamt nicht unwahrscheinlich, dass eine Art Nationalsozialismus auf quasi höherer Ebene erneut etabliert werden wird. Dabei darf nicht vergessen werden, dass auch der Nationalsozialismus ein Art Sozialismus ist und dass der Sozialismus am Nationalsozialismus das Schlechtere ist.

Nationalsozialisten sind daher – richtig verstanden – auch nie die „Rechten" im Gegensatz zu den „Linken". Nein, sie sind immer nur die „rechten Linken" im Gegensatz zu den „linken Linken". Wenn beide nicht aussterben, werden sie eines Tages koalieren.

II   ZUM VERSTÄNDNIS DES HERRSCHENS

```
    Und den Herrschenden wandt' ich den Rücken,
als ich  sah,  was  sie  jetzt  Herrschen nennen:
schachern und markten um Macht - mit dem Gesin-
del!
```

Friedrich Nietzsche
Also sprach Zarathustra. Vom Gesindel.

28.   Im Bestreben, ein Verständnis für Herrschaft zu entwickeln, gehe ich – in Opposition zu den klassischen Staatslehren – davon aus, dass weniger das System, also die institutionalisierte ideologische Verfasstheit eines Gemeinwesens, zum Kriterium der Bestimmung seiner Güte taugt, sondern vielmehr die in ihm geübte Praxis des Herrschens selbst.

HERRSCHAFT UND DIE PYRAMIDE

29.   Im kontinentalen und transkontinentalen europäischen Kulturraum ist „Herrschaft" im engeren Verständnis ein politologischer und soziologischer Grundbegriff. Er fand spätestens mit den Herrschaftslehren der antiken griechischen Philosophen Eingang in unsere Gedankenwelt. Obwohl häufig mit ihm operiert wird, finden sich zu seiner näheren Erläuterung eher selten Ausführungen.

Seit dem Ende des Zweiten Weltkrieges haftet insbesondere in Deutschland an dem Begriff nahezu durchgängig ein negativer Wert. Wo „Herrschaft" verortet wird, da will man sie bestenfalls als notwendiges Übel hinnehmen, versuchen, sie zu begrenzen, einzuschränken, zu kontrollieren oder am besten ganz abzuschaffen. Ihren deutlichsten Ausdruck und ihre Krönung fand diese negative Stimmung gegen Herrschaft im programmatischen Titel vom „herrschaftsfreien Diskurs". Der mit diesem Titel verbundene Theoriezusammenhang wurde zu einem mächtigen Verstärker der Aversion gegen Herrschaft.

30. Geht man der Frage nach, was Herrschaft heißt, sucht man also, im Verfolg des Begriffs, diesen klärend auf den Punkt zu bringen, so gelangt man schnell über das Feld des Politisch-Sozialen hinaus. Über den Gedanken der Beherrschung eines Handwerks gelangt man in den Bereich der Technik. Gedanken über die Herrschaft des Geldes führen in die Ökonomie und das Nachdenken darüber, wie Ideen Menschen beherrschen können, führt in die Psychologie. Interessant ist auch der umgekehrte Fall, wie Menschen Ideen beherrschen können, womit sich der Kreis bei der Philosophie vielleicht wieder schließen ließe.

Der häufig zitierte Soziologe Max Weber bestimmt in seinem Buch „Wirtschaft und Gesellschaft":

```
Herrschaft soll heißen die Chance, für ei-
nen Befehl bestimmten Inhalts bei angebbaren Per-
sonen Gehorsam zu finden
```

Auf den ersten Blick wird deutlich, dass diese Bestimmung nicht sonderlich darauf ausgerichtet ist, herrschen und Herrschaft über die Interaktion von Menschen hinaus zu denken. Im Gegenteil, Herrschaft wird vielmehr noch auf eine spezielle Form der menschlichen Interaktion reduziert, namentlich auf das Schema von Befehl und Gehorsam.

Wollte man diese Bestimmung von Herrschaft für richtig und vor allem für umfassend halten, so wäre es schlichtweg sinnlos, vom Beherrschen einer Technik oder der Herrschaft des Geldes zu reden. Auch die beherrschende Stellung eines Unternehmens oder eine herrschende Meinung wären mit Webers Begriff unmöglich zu erklärende Redewendungen.

Man kann durch Dehnung des Begriffs „Befehl" vielleicht noch sinnvoll sagen, dass zum Beispiel eine Drehbank dem Befehl des Drehers folgt, der sie programmiert, aber weder eine Münze, ein Geldschein noch eine elektronische Signatur geben irgendwelche Signale, die als Befehl interpretiert werden könnten, zum Beispiel einen Fernseher zu kaufen oder sich für den Traum vom Eigenheim abzuarbeiten. Auch erfordert die beherrschende Stellung eines Unternehmens keineswegs irgendwelche Befehle an die Konkurrenz oder die Kundschaft. Und eine herrschende Meinung muss nicht einmal sprechen können.

Webers Definition taugt also auf keinen Fall als Allgemeinbestimmung für Herrschaft. Dennoch passen „befehlen", „gehorchen" und „herrschen" gut zusammen und es scheint wenig sinnvoll, zu bestreiten, dass, wo einer befiehlt und andere folgen, der Befehlende herrscht und das Verhältnis der Akteure als Herrschaft bezeichnet werden kann.

31. Mit Befehl (Aktion) und Gehorsam (Reaktion) lenkt Webers definierende Bestimmung den Blick zwar auf den dynamischen Aspekt des Herrschens – was trotz der irreführenden Verengung des Begriffs bemerkenswert ist –, in der weiteren Auseinandersetzung mit dem Phänomen geht er jedoch recht schnell zur Analyse verfestigter Beziehungen über.

Herrschen versteht er insgesamt weniger als zwischen verschiedenen Akteuren geübtes Spiel mit gelegentlich wechselnden Stellungen, sondern er begreift Herrschaft vielmehr als vermittelnden Akt zwischen einer Art ewigem Oben und einem ewigen Unten. Das, womit sich Oben gegenüber Unten legitimiert – Charisma, Tradition, Rationalität bzw. Legalität –, gibt den Rahmen zur Systematisierung der weiteren Beschreibung von Herrschaft als strukturiertem Gebilde – Staat in irgendeiner Form. Diese Sicht lenkt den Blick ab vom Herrschen der Herrschenden und erklärt, anstatt des Herrschens selbst, die Gründe dafür, warum es die Herrschenden tun und wie sich Herrschaft als diese feste Struktur hält.

Die große Gefahr einer solchen institutionellen Blickrichtung ist, dass sie den infrage stehenden Gegenstand völlig aus dem Auge verliert, dass sie die Kulisse für das Spiel selbst hält und meint, mit dem Umbau der Kulisse das Spiel bestimmen zu können, wobei die Spieler wahrscheinlich in dieser Zeit schon eine Bühne weiter gezogen sind.

Die Frage – meines Erachtens die falsche Frage –, welche in kritischer Hinsicht spätestens seit Platon an die Herrschaft gestellt wird, ist die nach ihrer Organisation. Dabei ist eine Art ewiges Unten und ewiges Oben immer schon unterstellt und Herrschaft wird als eben diese Formation angesprochen. Die ganze Diskussion bewegt sich zwischen den Polen einer schmalen Spitze und einer breiten Basis. Sollte denn tatsächlich ein vor Tausenden von Jahren steingewordener Integrationsversuch einer ganzen Gesellschaft bis heute das Muster unseres Herrschaftsverständnisses abgeben? Sind wir in Sachen Herrschaft bis heute Gefangene der Pyramide?

Dass diese Vorstellung nicht gänzlich abwegig ist, kann man sich verdeutlichen, wenn man Nietzsches Gedanken zur Funktion der Architektur folgt. Man halte sich dazu das Ägypten der Pharaonen vor Augen und die Millionen, die noch Jahrhunderte und Jahrtausende danach dessen Monumente bestaunen.

> [...] überall, wo sich die grosse Architektur der Cultur entfaltet hat, war ihre Aufgabe, die einander widerstrebenden Mächte zur Eintracht [...] zu zwingen, ohne sie deshalb zu unterdrücken und in Fesseln zu schlagen.
>
> *Menschliches Allzumenschliches I. 276.*

>   Architektur ist eine Art Macht-Beredsamkeit
> in Formen, bald überredend, selbst schmeichelnd,
> bald bloss befehlend.
>
>   Götzen-Dämmerung.
>   Streifzüge eines Unzeitgemässen. 11.

32. Im „Politiklexikon" der deutschen Bundeszentrale für politische Bildung von 2007 ist zu lesen:

>   Herrschaft ist ein politisch-soziologischer
> Grundbegriff, der ein Über- und Unterordnungsver-
> hältnis zwischen Herrschenden und Beherrschten
> beschreibt, das als rechtmäßig (legitim) aner-
> kannt wird und insofern institutionalisiert ist,
> als es auf Dauer angelegt und gewissen Regeln
> unterworfen ist.

Diese lexikalische Bestimmung gibt exemplarisch die Grundtendenz der Masse des Nachdenkens über und des Hinsehens auf Herrschaft wieder. Herrschaft ist ein Verhältnis zwischen Über- und Untergeordneten. Hier wird es sogar zusätzlich noch von beiden Seiten als legitim *an*erkannt. Dazu müsste es aber auch notwendig von beiden Seiten *er*kannt sein. Ich bezweifle, dass das heute auch nur meistens der Fall ist.

Das hierarchische Verhältnis ist weiterhin „auf Dauer angelegt und gewissen Regeln unterworfen". Eine solche Regel könnte lauten: Das starke Oben beschützt das schwache Unten. Eine andere: Das kluge Oben führt das unwissende Unten zum Besten aller. Sie kann auch lauten: Oben sorgt dafür, dass der Regen nicht ausbleibt, und sichert damit vor allem Unten die Existenzgrundlage, eine gute Ernte.

Es scheint unbestreitbar, dass sich Gesellschaften entlang solcher Vorstellungen organisieren können, und es kann sein, dass die Pyramide dabei zu einer Art sich selbst erfüllender Prophezeiung wird. Mir geht es vordringlich nicht darum, das zu bestreiten, sondern darum, zu verdeutlichen, dass Bestimmungsversuche wie diese das Phänomen Herrschaft nicht suffizient klären, sondern, im Gegenteil, eher noch dazu führen, es zu übersehen. Die soeben zitierte Bestimmung zum Beispiel unternimmt nicht einmal den Versuch, irgendein dynamisch verbindendes Element im Verhältnis von Herrschenden und Beherrschten zu benennen, und kann daher auf die Frage, was Herrschen heißt, was Herrschaft als Praxis ist, gar keine Antwort geben.

REPRÄSENTATION IST NICHT HERRSCHAFT

33. Jörg Weber[1] bestimmt aus der Literaturwissenschaft „Arbeit", „Opfer" und „Kairos" (das Erwischen des richtigen Moments) als herrschaftskonstitutiv. Für Karl Otto Hondrich[2] ist, aus politikwissenschaftlicher Perspektive, Herrschaft gleichsam das Sediment von Leistung. Jan Assmanns[3] Blick in die politische Theologie fördert die Lüge als wesentliches, wenn nicht notwendiges Moment moderner Herrschaft zutage und der Systematiker Lajos Nagy[4] verortet Herrschaft in Superstrukturen, die gleichsam übermächtig und beinahe allgewaltig das Dasein durchdringen. Der historisch-ethnologische Blick von Thomas Fillitz[5] weist darauf hin, dass Not ein Anknüpfungspunkt für den Wandel von Herrschaft und die Bedingung für einen solchen Wandel die Aufrichtung eines neuen Ideals ist, das als Grund-Prämisse der Daseinsauslegung angenommen werden kann. Nietzsche nennt Herrschsucht „die schen-

---

[1] *Jörg Weber.* Moira: Figuren der Herrschaft in Mythos und Märchen.
[2] *Karl Otto Hondrich.* Theorie der Herrschaft.
[3] *Jan Assmann.* Herrschaft und Heil. Politische Theologie in Altägypten, Israel und Europa.
[4] *Lajos V. Nagy.* Modelle der Herrschaft. Untersuchungen über Verhalten, Wechselwirkung und Optimierung geschichtlich-gesellschaftlicher Systeme.
[5] *Thomas Fillitz.* Der „Heilige Krieg" im Hausaland (1804). Zu einer Theorie von Herrschaft und Veränderung.

kende Tugend" und beschreibt sie als das zu Tale kommen des Berges, an dem nichts „Sieches und Süchtiges" ist. Er vergleicht eben jene schenkende Tugend dem Golde, das zu Würden kam, da es „ungemein ist und unnützlich und leuchtend und mild im Glanze"[6] – es drängt sich zu nichts auf.

34. Etwas kann als Verlockung uns anziehen oder uns Angst machen und abstoßen. Es gibt Sachen, auf die hinsehend wir zustreben oder um die wir einen besonders großen Bogen machen. Manche Ereignisse werfen uns ganz plötzlich aus der Bahn und manche zwingen uns auf Wege, denen wir kaum entgehen können. Von all diesen Dingen kann man nun in gewisser Hinsicht sagen, sie beherrschen uns, aber sie tun das auf ganz unterschiedliche Weise.

35. Die Märchen und Mythen lehren uns, so Jörg Weber, dass Arbeit und Opfer sowie das Erwischen des richtigen Moments, der richtigen Konstellation der Dinge, *zur* Herrschaft führen. Herrschen aber bedeutet dann im Märchen, schlussendlich eine Position eingenommen zu haben, die eben davon befreit, arbeiten, opfern und den richtigen Moment erwischen zu müssen.

Was Arbeit, Opfer und Kairos in den Märchen und Mythen ist, das ist in Karl Otto Hondrichs „Theorie der Herrschaft" der Begriff „Leistung". Das Ergebnis von Leistung ist, dieser Theorie zufolge, ganz ähnlich wie in den Märchen, die Institutionalisierung des Willens eines Leistungsträgers, die Einrichtung von „Positionen mit formal geregelten Entscheidungsbefugnissen", aus denen heraus dieser Wille dann fortgesetzt exekutiert wird – *ohne noch etwas leisten zu müssen!*

Als weitere Antworten auf die Frage, wie Männer, Frauen oder Kinder auf derlei Throne gelangen, finden wir neben Webers „Charisma, Tradition und Rationalität" auch

---

[6] *Friedrich Nietzsche.* Also sprach Zarathustra. Von den drei Bösen. 2. *Sowie* ebd. Von der schenkenden Tugend. 1.

noch „Geschick in Gewalt" (siehe die großen Feldherren) und „Geschick in Lüge" (siehe jedwede Art von Priester). Manchmal ist es ganz sicher auch einfach nur Zufall.

Die Bestimmungsversuche drehen sich also hauptsächlich darum, wie man *zur* Herrschaft kommt. Was aber Herrschaft eigentlich ist – außer auf dem Throne zu sitzen und von gewissen Lasten und Beschränkungen frei zu sein –, diese Frage wird kaum auch nur gestellt. Infolgedessen wird Herrschaft von den meisten lediglich als Ort innerhalb einer gewissen strukturellen Statik verstanden und ist ohne eine solche gar nicht zu denken. Man will zum Gipfel, vergisst dabei aber, dass der Weg das Ziel ist, und verwechselt den heiligen Moment, da man das Gipfelkreuz berührt, mit der Herrschaft selbst, die wohl eher der ständige Weg über den Berg ist, hoch und wieder runter … Man hält Herrschaft für eine Institution und dieser Gedanke, weiter geführt und auf die Spitze getrieben, mündet in Bestimmungen wie der von Nagy, dem die Akteure gänzlich in einer Art Super-Struktur aufgehen.

Trotz dieser irreführenden Fokussierung und Missdeutung bleibt bei den meisten Autoren, in welchem Grad auch immer, ein gewisses aktives Moment bei der Bestimmung von Herrschaft erhalten, selbst wenn es, wie bei Weber, nur das Aussprechen oder Niederschreiben eines Befehls ist. Einigkeit herrscht am Ende auch darüber, dass Herrschen in einem gewissen Sinne „Bestimmen" heißt.

Die umrissenen Vorstellungen von Herrschaft sind daher nicht gänzlich unvereinbar mit dem von mir ins Auge gefassten Begriff. Was jedoch keinesfalls in eine Bestimmung von Herrschaft passt, ist die Aufgabe des aktiven Moments überhaupt: *Repräsentation ist nicht Herrschaft!* Und Institutionen sind weder ein wesentliches Merkmal von Herrschaft noch Bedingung für Herrschaft. Folglich kann Herrschaft auch nicht durch Institutionen verhindert werden! Das Innehaben exponierter Stellungen in einer bestimmten Systematik ist dem Herrschen zwar nicht notwendig hinderlich, jedoch ist es auch keineswegs dazu erforderlich!

Eine philosophische Bestimmung von Herrschaft

> Herrschaft, die durch Sanktionsmöglichkeiten (z. B. Gewalt) gedeckte Chance, Freiheitsgrade einzuschränken und zu regeln. Dabei handelt es sich bei Herrschaft in der Regel um einen relationalen Begriff: A herrscht über B, d. h. A verfügt über die Möglichkeiten, B in seinen Entscheidungen und Handlungen zu beeinflussen, wenn nicht zu steuern.
>
> *Kai-Uwe Hellman*
> In: *„Metzler Philosophie Lexikon"* (1999)

36. Entgegen dem zweiten Satz dieser Definition meine ich, Herrschaft ist nicht die *Möglichkeit*, jemanden oder etwas „in seinen Entscheidungen und Handlungen zu beeinflussen, wenn nicht zu steuern", sondern Herrschaft ist der *Fakt* der Beeinflussung und Steuerung selbst, die bloße Möglichkeit dazu heißt Macht.

Weiterhin ist zu bemerken, dass „die durch Sanktionsmöglichkeiten gedeckte Chance, Freiheitsgrade einzuschränken und zu regeln" *Erpressung* heißt. Herrschen dagegen heißt in einem gewissen Sinne *Führen*. Eben das aber bedeutet keineswegs notwendig „Freiheitsgrade einzuschränken", sondern kann, ganz im Gegenteil, *Freiheitsgrade erhöhen!*

Meine Bestimmung von Herrschaft

37. Der Stuhl, auf dem ich sitze, *könnte* eine Illusion sein. Könnte er, *kann* er aber nicht, denn ich sitze auf ihm. Im Ernstfall könnte ich einen Luftröhrenschnitt durchführen. Könnte ich, kann ich aber nicht, denn dazu fehlt mir das Können. „Könnte" und „kann" sind also aufmerksam voneinander

zu unterscheiden. *Das Können* macht zwischen beiden den Unterschied.
a) *Macht ist Möglichkeit – und zwar die Möglichkeit des „Kann".*
b) *Ausübung von Macht ist Realisierung von Möglichkeit.*
c) *Möglichkeiten realisieren heißt neue Fakten schaffen.*
d) *Neue Fakten verändern den Lauf der Welt. Denn:*
e) *Aus nichts wird nichts und in nichts vermag nichts zu vergehen.*

38. Jedes Dasein, jedes Ding hat seine Richtung, seinen Lauf oder Weg. Und selbst wenn es kein Ziel kennt, es ist unterwegs. Was seinen Weg umlenkt, was seinen Weg richtet, das beherrscht dieses Dasein und tut es umso ausschließlicher, je mehr es auf einen bestimmten anderen Weg zwingt.

Meine Bestimmung von Herrschaft lautet also:
Herrschaft ist ein Effekt der Ausübung von Macht und heißt, Fakten zu schaffen, die Wege ändern. Absolute Herrschaft hieße dabei, die Änderung dieser Wege genau zu bestimmen.

Drei Beispiele und ein Ausblick

39. Die Herrschaft über den Tisch, an dem ich sitze, habe ich, weil ich in der Lage bin, seinen Weg zu ändern. Ich beherrsche den Tisch nicht, wenn ich ihn zerschlage, dann ändere ich seine Form. Je nachdem, wie gründlich ich dabei bin, löse ich ihn vielleicht sogar vollständig auf. Seinen Weg ändere ich, wenn ich ihn in ein anderes Zimmer stelle oder verkaufe.

Redet man vom Beherrschen eines Handwerks, so ist es das Gleiche. Der Töpfer beherrscht den Ton durch die Bewegung seiner Hände. Seine gerichteten und richtenden Hände formen den Ton und modifizieren damit seine Grenze, sie verändern seine Gestalt. Den Ton selbst verändern sie nicht, wie es zum Beispiel später beim Brennen geschieht.

Auch einen Gegner im Kampf zu beherrschen, bedeutet allein durch das Schaffen von Fakten seinen Weg zu ändern.

```
   Ihr sagt, die gute Sache sei es, die sogar
den Krieg heilige? Ich sage euch: der gute Krieg
ist es, der jede Sache heiligt.

                            Friedrich Nietzsche
                         Also sprach Zarathustra.
                       Vom Krieg und Kriegsvolke.
```

III THESEN ZUM WESEN DER WELT

```
   Reife des Mannes: das heisst den Ernst wie-
dergefunden haben, den man als Kind hatte, beim
Spiel.

                            Friedrich Nietzsche
                     Jenseits von Gut und Böse. 94.
```

GRUNDSATZ: ALLES DASEIN IST DREIDIMENSIONAL, NICHTS NICHT.

40.   Um sich diese Dreidimensionalität greifbar zu machen, kann man die Begriffe „Grenze", „Gehalt" und „Richtung" verwenden. Sie erscheinen mir nach langer Überlegung am besten dafür geeignet, alle Sphären der Welterfahrung – und etwas anderes gibt es für keinen von uns – dreidimensional zu

fassen. Nichts ist also nicht Gegrenztes *und* Gehaltvolles *und* Gerichtetes.
Die drei Dimensionen sind nicht aufeinander reduzierbar – aber alles auf sie. In geometrischen Begriffen könnte man vielleicht sagen, die Dimensionen spannen drei Ebenen auf, welche nicht auf zwei Ebenen oder eine reduziert werden können. Eine dreiseitige Pyramide ohne endgültigen Boden entspräche diesem Bild. Man kann sich auch drei potenziell unendliche Linien vorstellen, welche sich in keinem Punkt jemals schneiden können. Aber diese Bilder sind alle verfänglich.

Grundlagen der Mathematik

Theorie der endlichen ganzen Zahlen. Nachdem Weierstrass und andere gezeigt hatten, dass die ganze Analysis sich auf Aussagen über endliche ganze Zahlen reduzieren lässt, bewies Peano, dass alle diese Aussagen aus 5 Grundaussagen ableitbar sind, in denen 3 nicht definierte Begriffe vorkommen. (vgl. hierzu Principles of Mathematics, 14. Kap.) Man kann das Verhältnis der Grundaussagen zu den Grundbegriffen so auffassen, als ob die 5 Grundaussagen der Gruppe der 3 undefinierten Begriffe gewisse Eigenschaften zuschreiben; dabei haben diese Eigenschaften logischen, nicht spezifisch arithmetischen Charakter. Peano hat, genau ausgedrückt, folgendes bewiesen: hat eine Gruppe von 3 Begriffen die fraglichen 5 Eigenschaften, so gilt von dieser Gruppe jeder Satz der Arithmetik und Analysis, wenn man ihn entsprechend deutet. Weiterhin zeigte sich, dass je ein solches Begriffstripel zu jeder unendlichen Folge $x_1, x_2, x_3, \ldots x_n, \ldots$ gehört, bei der jeder natürlichen Zahl genau ein Glied entspricht. Man kann eine solche Folge definieren, ohne den Begriff „ganze Zahl" zu benützen. Jede solche Folge könnte anstelle der Folge der natürlichen Zahlen als Grundlage für Arithmetik und

Analysis dienen. Jeder Satz der Arithmetik und
Analysis bleibt wahr für irgendeine solche Folge,
aber für jede von ihnen wird es ein anderer Satz
sein als für irgendeine andere.

Bertrand Russell
Philosophie der Materie. I. Das Problem.
2. Peanos Axiomensystem als Beispiel.

BASIS DER TRIALEKTIK

41. Aus dem Grundsatz der Trialektik folgt, dass alles, was auch immer als Verschiedenes erscheint, in den drei benannten Dimensionen miteinander verbunden sein muss. Das heißt, nichts fällt nichts und niemandem je in die Arme, sondern alles steht ständig zusammen in derselben Grenze, demselben Gehalt und derselben Richtung. Weiterhin kann es, dem Grundsatz folgend, keine reine Grenze, keine reine Richtung und keinen reinen Gehalt geben. Denn die Dimensionen selbst müssen, wenn alles dreidimensional ist, ebenso dreidimensional sein.

42. Die Verschiedenheiten der Dinge gegeneinander werden in verschiedenen Ausprägungen der Dimensionen gefasst. Obwohl also alles und jedes sowohl Gehalt als auch Grenze und Richtung ist, kann es doch zum Beispiel a) viel mehr Grenze als Gehalt und Richtung sein. Ebenso kann es b) mehr Gehalt sein als Richtung und Grenze, und es kann auch c) viel mehr Richtung sein als Grenze und Gehalt. Das lässt sich – in aller Vorsicht – in Vorstellungen von Beispielen übertragen: Relativ zu einem lebenden Menschen könnte unter bestimmten Umständen c) als Wind, b) als Wasser und a) als eine Mauer erscheinen. Gegen ihr grenzendes Wesen verschwinden der Gehalt der Mauer und ihre Richtung. Bei einer Ballonfahrt sind wir mit dem Wind eins in der Richtung. Das Wasser ist, von

innen besehen, in einem ganz handfesten Sinne in sich grenzlos, ungreifbar da.

43. Trialektische Kombinatorik – Basis:

	Dimension I "Gehalt"	Dimension II "Grenze"	Dimension III "Richtung"	
1.	a	a	a	
(	aa	aa	aa	)
(	aaa	aaa	aaa	)
2.1	aa	aa	a	
2.2	aa	a	aa	
2.3	a	aa	aa	
3.1	aaa	aa	a	
3.2	aaa	a	aa	
3.3	aa	a	a	
4.1	aa	aaa	a	
4.2	a	aaa	aa	
4.3	a	aa	a	
5.1	aa	a	aaa	
5.2	a	aa	aaa	
5.3	a	a	aa	

Abbildung:
Basis der Trialektik[7]

44. Entsprechend den Möglichkeiten der Ausprägung von drei Dimensionen einer Daseinsform ergeben sich genau 13

---

[7] Das Basisschema selbst ist dreidimensional. Wie bei jeder ähnlichen Tabelle auch finden sich in den Spalten- beziehungsweise Zeilenüberschriften zum einen die Richtung (das Woraufhin), zum anderen die Grenze (das Was) und die Matrize selbst gibt den Gehalt (das Wie).

mögliche Abgrenzungen von verschiedenen Daseinsformen[8] gegeneinander. Die Basisaufstellung[9] zeigt vollständig *alle prinzipiell möglichen Arten von Dingen*. Über diese Arten hinaus ist nichts. Innerhalb jeder Art können Daseinsformen in unendlichen Variationen graduell voneinander abweichen.

45. Da zwei als verschieden erfasste Dinge in mindestens einer Dimension miteinander unmittelbar verbunden sein müssen – denn nichts ist nicht –, höchstens aber in zwei unmittelbar miteinander verbunden sein können – ansonsten ließe sich nicht mehr von Ding*en* sprechen –, so ergibt sich prinzipiell eine endliche Anzahl von Möglichkeiten der Verbindung zweier als verschieden erfasster Dinge. Eine eindimensionale Verbindung ist entweder:

I.1 a-a dimensional ausgewogen oder
I.2 a-aa dimensional gewichtig.
Zweidimensionale Verbindungen sind entweder:

II.a a-a, a-a zweidimensional ausgewogen,
II.b aa-a, a-aa zweidimensional gewichtig oder

---

[8] Das Wort „Daseinsform" eignet sich sehr gut zur Bezeichnung der Dinge im Allgemeinen, da man ihm über die Worte „da", „sein" und „Form" Sinnbilder der drei Dimensionen „Gehalt", „Richtung" und „Grenze" beilegen kann.

[9] Irgendwo im späten Herbst 2003 muss es gewesen sein, dass der Keim ausgeschlagen hatte und ich anfing das Dreidimensionale zu denken. Fünf Jahre später, im Herbst 2008 habe ich dann mit der hier wiedergegebenen Basis der Trialektik dem Spross endlich eine zufriedenstellend fassliche Form geben können. In klassischen Begriffen gesprochen ist damit der Grundstein einer originär dreiwertigen Ontologie erfunden und die Möglichkeit eröffnet, all die widersprüchlichen Dualismen und irreführenden Monismen systematisch aufzuheben.

II.c a-a, a-aa   eindimensional ausgewogen und eindimensional gewichtig.[10]

46. Es gibt keine einzelne, mit anderen nicht dimensional verbundene Daseinsform. Jedes Ding ist also mit anderen Dingen auf die dargestellten Arten verbunden. Graduell können die Ausprägungen der Verbindungen von Daseinsformen – ebenso wie die Ausprägungen der Dimensionen einer Daseinsform – in unendlichen Variationen voneinander abweichen.

Drei eindimensional verknüpfte

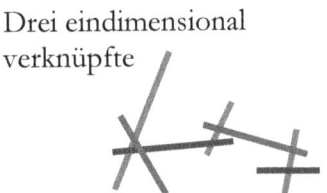

Zwei zweidimensional Verknüpfte

IV SCHLUSS

47. Obwohl die ontologischen Thesen zum Wesen der Welt in eine gemeinsame Entstehungszeit mit den Thesen zur Herrschaft fallen, sind beide nicht im direkten thematischen Zusammenhang entwickelt worden. Versteht man jedoch „Sinn" mit Heidegger als dasjenige, worin sich die Verständlichkeit von etwas hält, so bedarf jedes Verständnis einer dem

---

[10] In Teil III, Kapitel III ist die Darstellung möglicher Ausprägungen zweidimensionaler Verbindungen weiter verfeinert. Aus der dortigen Sicht ergeben sich elf Grundformen der (Un-)(Aus-)Gewogenheit solcher Verbindungen.

zu verstehenden Phänomen übergeordneten Sphäre. Der konkrete Bedarf nach einer solchen Sphäre in Bezug auf die Entwicklung eines Verständnisses von Herrschaft mag insofern bei der Entwicklung der Trialektik als Katalysator gewirkt haben.

In der Folge könnte nun das trialektische Modell als eine derart übergeordnete Sphäre auch in Anschlag gebracht werden, um zum Beispiel Herrschaft weiterhin verständlich zu machen. Mit seiner Hilfe könnte zum Beispiel der Frage nachgegangen werden, auf welche grundsätzlichen Arten Richtung sich ändert, was das überhaupt bedeutet und wie also geherrscht werden kann.

Darüber hinaus kann vielleicht auch das entwickelte Verständnis für Herrschaft ein wenig Licht zurück auf die Trialektik werfen. Zum Beispiel auf das Verständnis ihrer Grundbegriffe. Vielleicht taugt ja die gewonnene Bestimmung von Herrschaft sogar dazu, so etwas wie eine der fünf Grundaussagen (5a) abzugeben, die, nach Peano, der Gruppe der drei undefinierten Grundbegriffe gewisse logische Eigenschaften zuschreiben.

Zuletzt kann man die Trialektik selbst als Daseinsform, als realisierte Möglichkeit, als geschaffenen Fakt und damit als Richtungen ändernd und also herrschend verstehen.

Dritter Teil

GRUNDRISS ZUR TRIALEKTIK

Kritik einer jeden Metaphysik und Ziel

48. Metaphysik ist das größte gedanklich-integrative Projekt, das ein Mensch betreibt und im Ergebnis ein individuelles Schema, welches überindividuell geteilt werden kann. Für eine Metaphysik kann es keinen Beweis geben, denn sie ist diejenige Sphäre, in der sich das Verständnis aller anderen Sphären eines Geistes zuerst und zuletzt hält – oder zumindest sich zu halten sucht. *Eine* Metaphysik kann bedeutender sein als andere, sie kann besser treffen und sie kann erfolgreicher sein als andere Metaphysiken.

49. Die Entwicklung der Trialektik zielt auf einen Gewinn in Erkenntnis, Verständnis und Beherrschbarkeit der Welt und des Daseins. Sie geht also auf eine Steigerung unserer Macht aus.

Einleitung und Vorwort

50. Beim Bau eines Hauses steht am Anfang eine mehr oder weniger diffuse Idee, diese wird deutlicher, klarer und kristallisiert schließlich in einer Skizze. Aus der Skizze wird ein umfänglicher Entwurf und daraus wiederum eine ordentliche Bauzeichnung. Mit Hilfe derselben wird der Bau dann ausgeführt, wozu nun einiges mehr erforderlich ist als Stift und Papier. Ist der Bau in seinen verschiedenen Abschnitten abgeschlossen, wird das Haus eingerichtet. Danach wird es mit Leben gefüllt, was noch einmal eine ganz andere Sache ist. Schließlich wird es bewohnt und gepflegt und vielleicht hier und da erweitert oder umgebaut.

Im Bezug auf dieses Bild zeigt der Titel „Grundriss zur Trialektik" an, dass wir uns hier irgendwo in dem Stadium zwischen Entwurf und Bauzeichnung befinden. Das Ganze ist also durchaus noch etwas abstrakt und trocken und in einigen Hinsichten ungefähr. Es sitzt vielleicht nicht jeder Strich richtig und die eine oder andere Wand mag insofern nicht am rechten Fleck stehen, fehlen oder zu viel sein.

Den Grundriss zu lesen, erfordert mitdenkende Phantasie und ist eher etwas für Leute, die Interesse an der Konstruktion und dem Aufbau eines Komplexes haben. In einem gewissen Sinne ist er trivial.

51. Für mich ist die Trialektik mein goldener Gedanke, ein Funke, geschlagen auf den Schultern von Riesen. Ich könnte ihn den Gipfel meiner jugendlichen Weisheit nennen – ein großer Wurf vielleicht ... auf jeden Fall nichts ohne die Tat. Ein Anfang, Arche ...

52. Unabhängig von den Details, die im Folgenden entwickelt und ausgeführt werden, besteht der trialektische Grundgedanke im Wesentlichen in der Überwindung dualistischer, dialektischer oder bipolarer Vorstellungen. Ganz gleich also, ob oder inwieweit man in den Einzelheiten folgen wird, es ist be-

reits ein Gewinn, wenn Erkenntnis, Verständnis und Tat von nun an eine jeweils dritte Dimension suchen, finden und in Anschlag bringen. *Denn eine jeweils dritte Dimension ist die Klammer eines jeden Dualismus. Dreidimensionalität ist das Wesen der Welt.*

53. Dass monistische Auslegungen in keinem Fall zu auch nur halbwegs befriedigenden Metaphysiken taugen, ist so augenscheinlich, so hörbar, fühlbar, riech-, schmeck- und denkbar, dass darüber nicht weiter gesprochen werden muss. *Ohne Differenz ist gar nichts.*

54. Ein methodischer Grundsatz der Trialektik lautet: „Nichts ist nicht!" Er ist sozusagen die Grenze des trialektischen Ansatzes und das Gesetz seines durchgängigen Gehalts. Neben der Entwicklung eines alles durchgreifenden Schemas, welches diesen Satz konsequent nicht verletzt, ist es ein Ziel dieser Schrift, den Satz selbst und den Sinn für seine Konsequenzen fester in der Welt zu verankern.

Nichts wird uns also nie und nimmer die Grundlage für irgendetwas abgeben. Das aber bedeutet, dass bestimmte derzeit im Verständnis umlaufende Aspekte zum Beispiel der Begriffe „Bewegung", „Raum" oder „Kraft" zu verwerfen sind.

55. Dennoch liegt „Nichts" unserem Verständnis so nahe! Es drängt sich förmlich auf. Zwischen mir und einem Buch zum Beispiel, wenn ich die Hand davon lasse: nichts! Zwischen den Planeten, Sternen und Steinen im Universum: nichts! Zwischen Elektronen, Quarks, Strings, Neutrinos, Feldern und Nebeln oder was auch sonst immer noch erfunden werden wird: angeblich nichts!

Der mysteriöse Begriff der Kraft erklärt uns bisher die Abhängigkeit oder die wechselseitige Bedingtheit verschiedener Ereignisse im Nichts. Aber was, frage ich, soll das sein, was da durch „Nichts" wirkt? Etwas doch zumindest, oder? Und was bedeutet also hier „Nichts"?

Es ist unbillig zu sagen, die Gravitationskraft hält uns auf der Erde, ohne diese Kraft in ihrer „Washeit" – man verzeihe mir diesen Ausdruck – erkennbar zu machen. Jedoch, wenn man sie als ein solches Was greifbar macht, verliert sie ein ganz wesentliches Merkmal, das sie bisher als „Kraft" ausmachte. Und dieses Merkmal ist ihre dunkle Nichtigkeit, ihr Nicht-Stoff-Sein, ihr Nur-Kraft-Sein.

56.   „Natürlich", wird man mir vielleicht zugeben, „durch nichts kann nichts wirken". Und was geschieht nur allzu oft nach einem solchen Hinweis? Man sucht und erfindet ein neues Teilchen, das vermittelt. Und worin bewegt sich dieses Teilchen, worin schwingt diese Welle?

Die Vorstellung des Nichts liegt uns offensichtlich so nahe, ist uns eingefleischt durch und durch, sie scheint uns selbstverständlich und – so gefragt: „Wie soll man sich das auch anders vorstellen?"

I   Erste Sätze, Erläuterung und formale Fassung der trialektischen Basis

```
        Man soll es aussagen und erkennen, dass es
Seiendes ist; denn es ist, dass es ist, nicht
aber, dass Nichts; ich fordere dich auf, dies
gelten zu lassen.

                                        Parmenides
                                      Über das Sein.
```

NICHTS IST NICHT. VON DER UNENTRINNBARKEIT UND DER GRENZE DER WELT

57. „Nichts ist nicht." Und nichts ist – wenn man darüber nachdenkt – klarer, einfacher und zwingender als dieser Satz. Wie sollte ihm auch sinnvoll widersprochen werden, da wir doch Nichts, insoweit es eben nichts wäre, weder wahrnehmen noch denken noch sonst irgendetwas damit anfangen könnten. Nichts ist nicht.

Einzig und allein manches ist manchmal *nicht*. Zum Beispiel ist jetzt kein Regen. Rot ist nicht grün. Ein Glas ist vielleicht manchmal nicht aus Glas und manchmal ist auch ein Glas nicht. Dennoch kann niemals irgendwo irgendetwas nichts sein. Denn es wäre ein Widerspruch in sich, dass „Was" „Nichts" ist. Dass wir vom Nichts reden, ist also Unfug.

Auch in der Logik gibt es kein Nichts, sondern nur ein „nicht" – und zwar auch hier immer nur in Bezug auf irgendwas. Die *Position* ist die Basis jeder Logik. Dass aus der doppelten Negation eine Position wird, ist kein Zaubertrick, der dem widerspräche. Eine Negation ist die Verneinung von etwas. Zum Beispiel: „Nicht warm." Die doppelte Negation ist die Verneinung davon, dass *etwas* nicht ist, und behauptet also dieses Etwas. Die doppelte Negation ist daher keineswegs die zauberhafte Schöpfung von etwas aus dem Nichts, sondern die schlichte Verneinung seiner Abwesenheit. Etwas anderes sagt das „nicht" nicht aus als eben die Abwesenheit von etwas.

Sinnvoll ist also zum Beispiel der Satz: „Du liebst mich nicht." Ebenso sinnvoll kann sein: „Liebe ist nicht." Unmöglich aber ist in einer bestimmten Hinsicht der Satz: „Liebe ist nichts", denn das ist ein Widerspruch in sich.

Also: *Nichts ist nicht.* Und vielleicht taugt auch dieser Satz dazu, eine der fünf Grundaussagen (5b) abzugeben, die, nach Peano, der Gruppe der drei undefinierten Grundbegriffe gewisse logische Eigenschaften zuschreiben.

> Betrachte mit Verständnis das Abwesende als genauso zuverlässig anwesend wie das Anwesende: denn nicht wird das Verständnis das Seiende vom Seienden abschneiden, von seinem Zusammenhang, weder als ein, wie es sich gehört, sich überallhin gänzlich Zerstreuendes noch als ein Sichzusammenballendes.
>
> *Parmenides*
> *Über das Sein.*

NICHTS IST NICHT DREIDIMENSIONAL

58.   Alles ist dreidimensional – und dabei bezieht sich weder „drei" noch „dimensional" auf das, was man gewöhnlich die drei Dimensionen des Raumes nennt. Ein Gedanke zum Beispiel lässt sich nicht in drei Raumdimensionen pressen, dennoch ist er im trialektischen Sinne ebenso dreidimensional wie ein Stück Papier, ein Ton oder ein Herzschlag.

Welche Namen wir den drei Dimensionen geben, ist Thema des nächsten Kapitels. Hier geht es allein darum, festzustellen, dass wir, um die Welt zu begreifen, von drei nicht weiter reduzierbaren Dimensionen ausgehen, auf sie zurückfallen oder zuletzt bei ihnen landen, je nachdem, wie man das sehen möchte.

59.   Aristoteles verwendete als grundlegende Begriffe den des Stoffes, den der Form sowie den der Bewegung. Beinahe unabhängig davon wies er am Ende der Nikomachischen Ethik darauf hin, dass man sich über eine spezielle Tugend am besten von demjenigen belehren lässt, der diese Tugend besitzt. Wenn man sich also in Ehrlichkeit schulen will, so folge man jemandem, der ehrlich ist, was natürlich nicht heißt, ihm einfach nur nachzugehen.

Dieser Hinweis des Aristoteles verleitet mich gelegentlich dazu, den Worten und Taten bedeutender Persönlichkeiten mehr Gewicht beizumessen, als ihnen notwendigerweise zukommen mag. Sie beweisen im Ende genauso viel oder wenig für eine Sache wie die irgendwelcher anderen Leute. Dennoch bleibt es eine gute Lebensregel, denjenigen zu fragen, der sich am besten mit der fraglichen Sache auskennt. Vielleicht wird es daher ein wenig helfen, den Leser für die Trialektik zu öffnen, wenn ein paar gewichtige Zeugen für die Drei ins Feld geführt werden. Zumindest belegen sie, dass es nicht ganz abwegig ist, drei Prinzipien, Wesen, Dimensionen, Kategorien, Gewalten oder Bausteine zur grundlegenden Basis einer Erklärung, Systematik, Auslegung, Funktionslogik oder dergleichen zu machen.

60. Alltäglich ist uns die räumliche Dreidimensionalität der Welt. Wir haben von der Dreifaltigkeit Gottes gehört, wie sie zum Beispiel Augustinus in seinem „De trinitate" behandelt. Wir kennen Raum, Zeit und Materie als Grundbegriffe der Physik. Wir erinnern an Form, Stoff und Bewegung des soeben angeführten Aristoteles und nennen die drei Gottheiten Anagke, Dike und Moira, die der oben in Anspruch genommene Parmenides in seiner Schrift „Über das Sein" bemüht.

Wir führen den Mathematiker Peano ins Feld, der nachwies, dass aus drei Grundbegriffen die gesamte Arithmetik und Analysis ableitbar ist. Wir verweisen auf den Mathematiker und Philosophen Alfred North Whitehead, der in seinem Buch „Prozess und Realität" den Versuch unternimmt, mit den drei Begriffen „wirkliches Einzelwesen", „Erfassen" und „Nexus" das philosophische Denken auf die konkretesten Elemente in unserer Erfahrung zu stützen.

Weiterhin finden wir als Gipfel der Staatskunst die drei voneinander prinzipiell unabhängigen Sphären Exekutive, Legislative und Judikative. Wir können in Erfahrung bringen, dass jedes Nukleotid eines DNS-Stranges drei Bestandteile hat und dass Dreiergruppen aufeinander folgender Nukleobasen den genetischen Code bilden.

Platons höchste Begriffe sind das Gute, das Schöne und das Wahre. Auch die Seele, wie sie Platon sich vorstellte, hat drei Teile und ihnen entsprechen drei Typen von Menschen. In neuerer Zeit äußerte Gotthard Günther in seinem Buch „Das Bewusstsein der Maschinen"[11] den Gedanken, dass das Bewusstsein, ganz allgemein verstanden, drei grundsätzliche Formen von Reflektion ist; erstens Reflektion auf anderes, zweitens Reflektion auf uns und drittens Reflektion auf uns als Reflektierende.

Auch ein expansives Kreditsystem funktioniert nur mit mindestens drei Banken und aus drei Grundfarben lassen sich eine Menge anderer Farben mischen – beziehungsweise lassen sich alle Farben auf Mischungen dreier Grundfarben reduzieren. Eine Quelle altindischer Weisheit, die Bhagavad Gita, spricht von drei grundlegenden Gewalten der Natur, den Sattwa-, Radschas- und Tamas-Guna, der „Wesenheit", der „Leidenschaft" und dem „Dunkel", welche ebenso wie alle anderen genannten Dreiklänge nicht unüberbrückbar verschieden von den Begriffen sind, die ich zur grundlegenden Bestimmung der drei Dimensionen vorschlage.

61. Meine Intuition knüpfte sich zuerst vielleicht an drei wesentliche grammatische Abstrakta: Subjekt, Prädikat und Objekt. Zwar bin ich nicht Linguist genug, um beurteilen zu können, auf welcher Ebene und in welchem Zusammenhang man sie in dieser Disziplin anzusiedeln hat, jedoch ging mir irgendwann auf, dass man wohl alle Subjekte in Prädikate oder

---

[11] Darauf aufmerksam wurde ich in einer Vorlesungsreihe von Peter Sloterdijk in Weimar vor vielleicht zehn Jahren. Sloterdijks kurzer Abriss zu Gotthard Günther und dessen Bemühung um eine dreiwertige Logik sowie die Betonung von deren Erforderlichkeit war mir über lange Zeit ganz persönlicher An- und Aufruf und auch irgendwie treibender Stachel.

Objekte, alle Objekte in Subjekte oder Prädikate und auch alle Prädikate in Subjekte oder Objekte überführen kann.

Was ich mit der Drei zu überwinden suchte, waren die unzähligen unseligen Dualismen, angefangen bei Gott und der Welt, Gut und Böse, Yin und Yang, Kapital und Arbeit ... bis hin zu Leben und Tod, Geben und Nehmen, entweder oder ...

Dabei wurde mir klar, dass es in diesem Bemühen sinnvollerweise nicht darum gehen kann, die in den Dualismen auftretenden Begriffe gleichfalls ganz außer Sinn und Wert zu setzen, sondern nur das Schema des falsch gestellten, ewigen Widerspruchs.

Natürlich kann es beispielsweise Sinn machen, das Männliche dem Weiblichen gegenüberzustellen, und man kann auch Prinzipien aus beiden machen. Aber man darf dann auf dieser Ebene das Kindliche nicht vergessen, das sein eigenes Wesen auf demselben Niveau hat. Das Dritte ist es, so fand ich, was den Widerspruch auflöst, ohne die Unterschiede gleich mit zu verwischen.

Geist und Welt, Vernunft und Ding, Seele und Körper, Substanz und Akzidenz, Schwarz und Weiß – alles Missgriffe in der Kategorisierung, die eigenartig unversöhnlich und unfruchtbar trennen. Die Kluft, der unüberwindbare Bruch, die Unversöhnlichkeit war es, die mir überhaupt nicht einging. Denn wenn eines vom anderen wesensmäßig und grundlegend verschieden sein soll, wie können beide dann überhaupt voneinander wissen. Es müsste also ein Drittes geben, das zwischen den beiden vermittelt. Jede dualistische Frontstellung schien mir schlichtweg ein Fehler, nicht mehr und nicht weniger.

62. Wir sehen und erfahren überall und in jeder Hinsicht eines vom anderen geschieden. Es ist vieles. Das Viele aber läuft uns in der Fokussierung und Konzentration des Blickes immer zurück auf mindestens zweierlei. Eines lässt sich als eines allein überhaupt nicht erfassen. In der finstersten Nacht,

im gänzlich dunklen Schwarz, erkennen wir nichts. Ebenso wenig sehen wir vom gleißenden Licht geblendet.

Damit also eins wahrgenommen werden kann, müssen mindestens zwei sein. Die Zwei erscheint damit ganz natürlich als die Basis der Welt und der Grund des Vielen. Dabei vergessen wir aber, dass *ebenso notwendig wie zwei sein müssen, um eines zu erfassen, eben auch noch ein Drittes da sein muss, welches erfasst.*

Das Gemeine an diesem Dritten ist, dass es sich quasi ständig entzieht, dass es gerade als Erfassendes nicht erfasst werden kann.

In dem Moment, da sich ein Erfassen seiner selbst bewusst wird und sich als „Bewusstsein eines Erfassens" selbst begreift, ist das ursprüngliche Erfassen selbst schon wieder verschwunden. Und zwar nunmehr in das Erfassen des „Bewusstseins eines Erfassens". Und eben so scheint es allgemein notwendig.

Die Trialektik nenne ich deshalb *auch* spekulative Metaphysik, weil zwar auf ein Drittes geschlossen und dieses notwendig gesetzt werden kann, jedoch aber faktisch immer nur eins gegen ein Zweites kontrastiert erfasst wird. Es ist ein logischer Schluss und Sprung, dass es dazu eines Dritten bedarf.

NICHTS IST NICHT GEHALT, NICHT GRENZE UND NICHT RICHTUNG. ALLES IST GEHALT, IST GRENZE UND IST RICHTUNG – NICHTS IST NICHT.

63.   Ich verstehe Metaphysik oder Ontologie als die Formulierung einer Sphäre, in der alles eine Bedeutung finden soll – oder deutlicher gesagt: in der Nichts keine Bedeutung findet. Erfüllt wäre ein solcher Anspruch jedoch erst, wenn die ganze Welt ganz faktisch in diesem metaphysischen Schema auch wirklich aufgehoben wäre, Nichts also nicht.

Die Güte der Trialektik als Metaphysik oder Ontologie wird sich daher allein in ihren faktisch integrativen beziehungsweise synthetischen, aber auch analytischen Leistungen beweisen – als geübte Praxis. Ob sie aber eine solche wird, hängt wiederum davon ab, ob die Annahme trialektischer Prämissen und Implikationen Gewinn nicht nur verspricht, sondern auch bringt. Das Schema muss also Überschuss abwerfen und das heißt, ein Mehr an faktischen Möglichkeiten eröffnen, die dann auch genutzt werden.

64. Mit der Bezeichnung der drei Basisdimensionen als „Grenze", „Gehalt" und „Richtung" wird der Entwurf nunmehr über die Sphäre logischer Abstraktion hinaus in die Welt gehoben. Insofern sich an die bezeichnenden Begriffe ein Verständnis anschließt, wird das Schema handhabbar und gewinnt Halt in der Anschaulichkeit. Dass dieser Halt notwendig auch den Blick etwas einschränkt, soll wissend gebilligt werden. Festgehalten sei auch, dass sich die logische Abstraktion nie jenseits einer konkreten Begrifflichkeit entwickeln kann und entwickelt hat.

Die Bedeutung, die nunmehr die Dimensionen durch diese Begriffe gewinnen, ist selbst bedeutsam. Die Begriffe sind keinesfalls willkürlich gewählt, sondern eher im Gegenteil. In demjenigen, worauf sie verweisen, vermeine ich das Wesen der Welt, die Gemeinsamkeiten aller Daseinsformen greifbar zu machen. Ich habe nichts gefunden, was gehaltlos, grenzlos oder richtungslos wäre, und ich glaube, dass eben diese drei Begriffe als drei Dimensionen sinnvoll auf alles und jedes und auf nichts nicht angewendet werden können. Ich halte sie für durchgreifend.

Ungeachtet dessen glaube ich, dass bestimmte Aspekte der Trialektik ihre Bedeutung auch dort nicht verlieren, wo die Trefflichkeit der gewählten Begriffe fragwürdig ist.

65. Eine Konsequenz des Satzes, dass „Nichts" nicht Grenze, nicht Gehalt und nicht Richtung ist, heißt: *Es gibt weder*

Richtung noch Grenze noch Gehalt je für sich. Denn ein jedes und alles hat, dem Sinn unseres Grundsatzes entsprechend, diese drei Aspekte. Dies ist einer, wenn nicht *der* trialektische Grundgedanke. Jede Richtung ist ebenso Grenze und Gehalt, jeder Gehalt ist ebenso Richtung und Grenze und jede Grenze ist ebenso Richtung und Gehalt. Die Dinge unterscheiden sich also nicht danach, was von diesen dreien sie sind, sondern wie sie in diesen drei Aspekten sich voneinander unterscheiden. Zur Bezeichnung dieser Unterscheidung verwenden wir den Begriff „*Haftigkeit*".

Drei Beispiele zur Verdeutlichung: Wenn ich den Gedanken verwirkliche, aus dem vor mir stehenden Glas Wasser zu trinken, so bin ich gegen das Glas deutlich richtungshaft. Das Glas selbst ist gegen das in ihm befindliche Wasser deutlich grenzhaft und eine Symphonie ist gegen ein „Bing" deutlich gehalthaft.

66. Übersetzt man die Dimensionen in eine einfache Symbolik und kombiniert die grundsätzlichen Möglichkeiten der Haftigkeit, so ergibt sich die folgende vollständige Aufstellung. Sie ist prinzipiell identisch mit der in Teil II, Kapitel III Der Vergleich beider Tafeln festigt vielleicht das Verständnis der Sache.

	GEHALT .	GRENZE o	RICHTUNG -	
1	.	o	-	
(	..	oo	--	)
(	...	ooo	---	)
2.1	..	oo	-	
2.2	..	o	--	
2.3	.	oo	--	
3.1	...	oo	-	
3.2	...	o	--	

3.3 .. o -

4.1 .. ooo -
4.2 . ooo --
4.3 . oo -

5.1 .. o ---
5.2 . oo ---
5.3 . o --

Dieses trialektische Basisschema in Geltung nehmend, gibt es grundsätzlich *nicht mehr und nicht weniger als 13 Arten von Daseinsformen.*[12] Für die Ausprägungen der jeweils speziellen Daseinformen einer Art sind unzählbare graduelle Unterschiede denkbar. Es mag also unzählbar viele Dinge geben, wenn auch nur genau diese 13 Arten möglich sind.

Um eine erste Sprechweise zur Bezeichnung der verschiedenen Daseinsformen zu haben, bleiben wir, in Zusammenhang mit den Namen der Dimensionen, vorerst bei der Rede von der „Haftigkeit". So ist der Ausdruck zwar noch ziemlich komplex, dafür aber auch Verständnis bildend. Im Verlauf der weiteren Überlegungen zur Trialektik finden sich vielleicht bessere Namen.

---

[12] Wie bereits in Teil II, Kapitel III erwähnt, eignet sich das Wort „Daseinsform" besonders gut zur grundsätzlichen Bezeichnung von Dingen, da man ihm über die Worte „da", „sein" und „Form" die Sinnbilder der Dimensionen – Gehalt, Richtung und Grenze – beilegen kann und damit die drei Dimensionen in einem Wort und in eins fasst. Bei der Entwicklung eines Verständnisses für die Identifizierung von „Sein" als „Richtung" kann Martin Heideggers Buch „Sein und Zeit" hilfreich sein, in einer anderen Hinsicht ebenso Arthur Schopenhauers „Die Welt als Wille und Vorstellung". Heideggers „Sein und Zeit" gibt darüber hinaus einen schönen Begriff der Entschlossenheit. Schopenhauers „Welt als Wille und Vorstellung" verdanke ich den ersten Anstoß zu dem Gedanken, dass ein Stein in einer gewissen Hinsicht auch Wille ist.

Daseinsformen der Art Nummer 1 können „ebenso gehalt- wie grenz- und richtungshaft" genannt werden. Daseinsformen der Art Nummer 2.1 kann man „ebenso gehalt- wie grenz-, aber weniger richtungshaft" nennen und die der Art Nummer 3.1 „mehr gehalt- als grenz- und am wenigsten richtungshaft". Daseinsformen der Art Nummer 3.3 nennen wir „gehalt-, aber weniger grenz- und ebenso wenig richtungshaft".

Die übrigen neun Arten können entsprechend dieses Musters ebenfalls benannt werden.

TYPEN

67. Betrachtet man die 13 Arten von Daseinsformen entsprechend der Art der Haftigkeit der Dimensionen, so lassen sich alle Daseinsformen als entweder „*dreidimensional ausgewogen*", „*zweidimensional ausgewogen*" oder „*dreidimensional verschieden*" bezeichnen. Womit – wenn man so will – innerhalb der 13 Arten drei Typen ausgemacht werden können:

A – Dreidimensional ausgewogen
    .o-   (1)

B1 – Zweidimensional ausgewogen
und in zwei Dimensionen übergewichtig (zweidimensional stark)
    ..oo-   (2.1)
    ..o--   (2.2)
    .oo--   (2.3)

und – B2 – in einer Dimension übergewichtig (eindimensional stark)
    ..o-   (3.3)
    .oo-   (4.3)
    .o--   (5.3)

C – Dreidimensional verschieden (eindimensional stark)

...oo-	(3.1)
...o--	(3.2)
..ooo-	(4.1)
.ooo--	(4.2)
..o---	(5.1)
.oo---	(5.2)

Ordnet man die Arten diesen Typen zu und extrapoliert von der Verteilung der Arten auf die Typen auf die Verteilung von Daseinsformen überhaupt, dann ergibt sich, dass dreidimensional ausgewogene Daseinsformen mit einem Anteil an allen Daseinsformen von 1/13 bzw. 7,7% ziemlich selten sein werden. Weiterhin ergibt sich, dass ebenso viele zweidimensional ausgewogene wie dreidimensional verschiedene Daseinsformen existieren sollten, und zwar jeweils mit einem Anteil von 6/13 bzw. 46,15%.

Diese Ableitung der Verteilung gilt universal. Denn auf der Ebene der Basis der Trialektik ist neben den drei Dimensionen kein Kriterium denkbar, welches die Verteilung irgendwie beeinflussen könnte. Sie könnte von daher auch *Grundverteilung* genannt werden. Auf spezielleren Ebenen oder in bestimmten Sphären ist eine verzerrende Beeinflussung der Grundverteilung jedoch ohne Weiteres vorstellbar.

Die obige Aufstellung nach Typen verdeutlicht weiterhin, dass die dreidimensional Verschiedenen sämtlich „eindimensional Starke" sind und dass die zweidimensional Ausgewogenen in ihrer Ausgewogenheit nochmals hälftig, also zu je 3/13 oder 23,075%, in zweidimensional Starke und eindimensional Starke unterschieden werden können.

68. Die gezeigten Ordnungsschemata lassen sich in jeder Anwendung der Trialektik an alle konkreten Daseinsformen herantragen und bilden in jeder speziellen Anwendung die Da-

seinsformen der Art oder dem Typ nach umfassend und vollständig ab.

Insofern es sich faktisch immer um relationale Auffassungen von konkreten Daseinsformen in verschiedenen Sphären handeln wird, lassen sich den 13 Arten nur schwerlich absolut belastbare Namen und Begriffe beilegen. In den verschiedenen Anwendungen des trialektischen Grundschemas werden für dieselben Arten und Typen wohl meist verschiedene Begriffe verwendet werden. Es mag aber durchaus auch sinnvoll sein, in verschiedenen Sphären für verschiedene oder gleiche Arten oder Typen gleiche Namen zu verwenden. Wobei doch die Bedeutung dieser Namen dann immer eine verschiedene sein wird und sein muss.

69. „Der Mensch ist das Maß aller Dinge."[13] Er ist der Ausgangs-, End- und Sammelpunkt aller möglichen Diversifikationen.

Beispielhaft wollen wir annehmen, dass der Mensch – entsprechend der eingeführten formalen Systematik – als das dreidimensional Ausgewogene gesetzt werden kann.

Gebraucht man weiterhin den Begriff der Ausgewogenheit etwas vage, so bestünde dann innerhalb der menschlichen Sphäre wiederum die Möglichkeit, mit 13 Arten die Unterschiede zwischen den Menschen festzuhalten, sozusagen in relativ feinen Variationen des „Ausgewogenen".

In Relation aber zu der einen Sphäre des Ausgewogenen, des Menschlichen, ergäben sich dann die übrigen 12 Arten als grundsätzliche Fassungen aller nicht-menschlichen Daseinsformen.

So ähnlich könnte eine weitergehende Anwendung der Trialektik auch in anderen Bereichen aussehen. Aber um eben diese weitergehende Anwendung – muss ich gestehen – bin ich selbst bisher nur wenig klar. Sie ist insbesondere daher kaum

---

[13] Protagoras (5. Jahrhundert v. u. Z.), zitiert nach Sextus Empiricus „Grundriss der Phyrrhonischen Skepsis" (2. oder 3. Jahrhundert u. Z.)

Gegenstand dieses Buches und steht hier immer unter Vorbehalt.

Den Kern des vorliegenden Buches bilden der trialektische Grundgedanke und das Basisschema. Dennoch zeigt das umrissene Beispiel, wie dieselben zur Darstellung verschiedener Aspekte und verschiedener Ebenen in Anschlag gebracht werden können, um die verschiedenen Momente des Daseins – oder besser gesagt: die verschiedenen Daseinsformen zu fassen.

Gegen einen Menschen ...ooo--- mag also ein Stein vielleicht ...oo- sein und es mag auch einen Stein ...oo- geben, gegen den ein Mensch .o- ist.

Dies ist alles bis aufs Äußerste vereinfacht und oberflächlich.

Zur formalen Darstellung der Ausprägung von Daseinsformen

70. Bei der Darstellung der Arten von Daseinsformen kommt es allein auf die Unterscheidbarkeit verschiedener dimensionaler Haftigkeit an. Insofern bezeichnen zum Beispiel ..o- und ....oo-- der Art nach dasselbe. Man kann daher in der formalen Darstellung der Arten der Einfachheit halber immer ....oo-- auf ..o- reduzieren und so weiter.

71. Darüber hinaus war festgestellt, dass die Daseinsformen innerhalb ihrer 13 Arten auf unendlich vielfältige Weise in den speziellen Ausprägungen variieren können. Um dies darzustellen, sollte eine andere Schreibweise verwendet werden als zum Festhalten der relativen Haftigkeit als solcher. Eventuell können sich hochgestellte arabische Ziffern dazu eignen, solche Differenzen zu erfassen.

Im Folgenden dienen die Balken | lediglich zur besseren Lesbarkeit und Abgrenzung gegen den übrigen Text und haben keine darüber hinausgehende Bedeutung.

Beispiel 1: $|..^1o-|$ gegen $|..^2o-|$

Um die Darstellung möglichst einfach zu halten, braucht das Gleiche als Gleiches nicht gesondert bezeichnet zu werden, also nicht:

$$|..^1o^1\,{-}^1| \text{ gegen } |..^2o^1\,{-}^1|$$

Beispiel 2: $|..^1o{-}^1|$ gegen $|..^2o{-}^2|$

Beispiel 3: $|..^1ooo^{2\,{-}1}|$ gegen $|..^2ooo^{1\,{-}2}|$

II WEITERE ERLÄUTERUNGEN

72. Zuerst sind „Grenze", „Gehalt" und „Richtung" lediglich Begriffe, um die Dreidimensionalität allen Daseins greifbar zu machen. Weiterhin ist mit ihrer Verwendung als Grundbegriffe der Trialektik behauptet, dass sie auf sämtliche Bereiche, Ebenen und Aspekte allen Daseins anwendbar sind. Ihre Anwendung selbst ist eine Frage der Vorstellungs- und Willenskraft.

Ob man komplexe Maschinen oder deren Teile betrachtet, Theoriegebäude, Tiere oder Pflanzen, Menschen oder Ideen und Gefühle, alles und jedes hat und ist, wenn man so will, auf jeder Ebene, in jedem Aspekt und in allen Bereichen sowohl Grenze als auch Gehalt und Richtung. Nichts nicht.

Auch ein Stein, der ruhig auf der Erde liegt, hat für sich Richtung. Seine Grenze nehmen wir vielleicht zuerst wahr und an seinem Gehalt zweifeln wir nicht, wenn wir ihn in der Hand wiegen. Selbst wenn er sich bei dem Versuch, ihn aufzuheben, als Hologramm entpuppen würde, es wäre klar, dass er dennoch einen Gehalt hätte, nämlich Licht, auch wenn wir das Ding nun vielleicht nicht mehr „Stein" nennen würden.

Nicht ganz so schwer wie das Erfassen der speziellen Richtung eines ruhenden Steins mag das Erfassen der Richtung von Begriffen oder Worten sein. Dass sie gehaltvoll und in einem gewissen Sinne grenzhaft sind, geht leichter ein. Es gibt keine neutralen Aussagen, höchstens neutralisierte.

Das gesprochene Wort ist auch als Hauch und Ton gerichtet und richtend. Und selbst ein bloß gedachtes und noch so stupides „Bla" hat Richtung, das heißt, geht irgendwo rauf und rührt irgendwo her. Auch ein „Ommhhh" hat Sinn und Ziel, selbst wenn wir es lediglich als Impuls zwischen Synapsen begreifen. Und auch ein solcher Impuls ist grenz-, richtungs- und gehalthaft ...

73. Wir einen alles Dasein in der Dreidimensionalität und behaupten mit den drei genannten Dimensionen einen suffizienten Rahmen, in dem sich alles Dasein einfangen lässt. Damit wird keineswegs die Verschiedenheit geglättet und sozusagen unzulässig verallgemeinert, sondern behauptet, dass alles Verschiedene in seiner Verschiedenheit in drei Dimensionen und insofern als Grenze, Gehalt und Richtung erfasst und differenziert werden kann.

Die Annahme verschiedener Ausprägungen der Dimensionen der Daseinsformen, ihre Haftigkeit, verletzt nicht unsere Allgemeinaussage von der suffizienten Grundhaftigkeit der Dimensionen und ihrer begrifflichen Fassung. Denn „Ausprägung" kann selbst als Gehalt-, Grenz- oder Richtungshaftigkeit verstanden werden. „Ausprägung" oder „Haftigkeit" sind also keine weiteren grundlegenden Dimensionen, sondern eher ein anderer Name für dieselben auf einer anderen Ebene, namentlich der der formalen Fassung der trialektischen Basis.

BEDEUTUNGSFELDER DER BEGRIFFE „GRENZE", „GEHALT" UND „RICHTUNG"

74. Richtung, Grenze und Gehalt entsprechen am vordringlichsten vielleicht der physikalischen – oder besser und umfassender gesagt: der physiologischen Anschauung. Richtung kann insofern mit Bewegung, Impuls oder Weg identifiziert werden, Grenze entspricht der Form oder Gestalt und Gehalt meint das „Was" im eher spürbaren als sichtbaren Sinne; Eisen, Fleisch oder Wasser zum Beispiel, den Stoff. Aus der Physik lassen sich Zeit, Raum und Materie an Richtung, Grenze und Gehalt anlehnen. Die Juristen sprechen von Motivation, Recht und Sache und Parmenides zum Beispiel beschreibt die entscheidenden Aspekte des Seins in drei göttlichen Momenten.

> [...] Eben deswegen hat Dike es nicht, die Fesseln lockernd, freigegeben, dass es werde oder untergehe, sondern sie hält es fest. [...] die mächtige Anagke hält es in den Fesseln der Grenze, die es ringsum einschließt; weshalb es nicht erlaubt ist, dass das Seiende unvollendet wäre. [...] es gibt sonst nichts und wird auch nichts geben außer dem Seienden, weil Moira verfügt hat, dass es ganz und unbeweglich/unveränderlich ist.

Es sind dünne Fäden, aber Dike ist eine richtende Göttin, Anagke erscheint Gestalt gebend und Moira als das schicksalhaft Dunkle, Unveränderliche. Auch Trieb und Wille passen durchaus für Richtung, ebenso Absicht. Macht und Vermögen lassen sich in bestimmten Aspekten mit Gehalt verknüpfen und in einem gewissen Sinne passen auch Möglichkeit und Idee für Grenze. Vielleicht könnten auch Nietzsches Dionysos und Apoll als Äquivalente zu unseren Begriffen gefasst werden, wobei auf einer solchen Ebene dann vielleicht Sokrates als der dritte Gott verstanden werden müsste. Ohne Weiteres werden verbindende Zuschreibungen hier jedoch schwieriger, weil wir es eher mit ebenenübergreifenden Begriffen als mit Grundbegriffen zu tun haben.

Im Sinne der Ziele der Trialektik ist es keine kleine und eine lohnenswerte Aufgabe, diese Dinge im Detail aufzulösen und damit zur Klarheit und Verständlichkeit verschiedener Sprachen und Sprechweisen untereinander beizutragen.

75. Die Grenze ist die Form des Raumes.
So verstanden aber ist Raum Gehalt, das Was, die Materie. Platon zum Beispiel verwendet im „Timaios" den Raumbegriff so.

76. Der Gehalt ist der Stoff der Materie.
Damit aber ergibt sich die Materie als Form. In eben diesem Verständnis bewegt sich heute meist die physikalische Rede.

Abgrenzung des Schemas

77. Unsere alltägliche Auffassung präsentiert uns ständig verschiedenste Dinge und wir fassen diese Dinge als im Raum und in der Zeit seiend auf. Die Dinge befinden sich also in einem gewissen Fluss und innerhalb dieses Flusses an einem gewissen Ort. Ob dabei Raum und Zeit objektive Gegebenheiten der Welt sind oder ob sie, wie Kant[14] meint, lediglich For-

---

[14] Vergleiche dazu den längeren Auszug aus Kants „Kritik der reinen Vernunft" im Anhang I zum Grundriss der Trialektik. Besonders für diejeni-

men der Anschauung sind, durch die der Verstand beziehungsweise die Vernunft die Welt erfasst und sich ordnet, das kann für uns dahingestellt bleiben. So oder so sind in der alltäglichen Auffassung die Dinge die eine Sache und Raum und Zeit werden als von ihnen verschieden aufgefasst und sind also eine gänzlich andere Sache. Die Dinge sind insofern – auf welche Art auch immer – *in* Raum und Zeit.

Sagen wir anstatt „Dinge" „Materie", so ergibt sich als Grundaussage der alltäglichen Auffassung: „Materie in Raum und Zeit". Und dies wäre ein metaphysisches Schema, das ebenso wie unseres mit drei Dimensionen arbeitet. Im Gegensatz zu diesem Schema verstehen wir aber in äquivalenter Anwendung unseres Begriffstripels nicht „Gehalt *in* Grenze und Richtung", sondern vielmehr – unser Schema auf die klassischen Begriffe anwendend – „Materie *als* Raum und Zeit". Damit legen wir der Materie Raum und Zeit nicht als Eigenschaften bei oder versuchen, die Materie in umfassendere Sphären einzubinden. Nein, wir behaupten noch weiter gehend, dass Materie eben auch Raum und Zeit *ist*, dass Raum auch Zeit und Materie *ist* und dass ebenso Zeit auch Raum und Materie *ist*. Die prinzipielle Trennung zwischen diesen dreien wird also vollständig aufgelöst.

Trialektisch heißt es daher nicht „Materie in Raum-Zeit", sondern „Raum-Zeit-Materie" und insbesondere ist kein Raum, keine Zeit und keine Materie jenseits dessen. Es gibt keinen leeren oder abstrakten Raum und keine abstrakte Zeit. Alles und jedes ist *Gehalt-Grenze-Richtung*. Nichts ist nicht.

78. Insbesondere die Begriffe „Raum" und „Zeit" haben sich als abstrakte Konzepte eingebürgert und erschweren dadurch ihre begriffliche Integration ins Konkrete. Alle drei Begriffe „Raum", „Zeit" und „Materie" sind darüber hinaus physikalisch überbeansprucht, sodass es grundsätzlich schwerfällt,

---

gen, die mit diesem Gedanken Kants nicht näher vertraut sind, empfiehlt es sich an dieser Stelle, diesen Auszug zu lesen.

sie auch auf nicht augenscheinliche Phänomene wie zum Beispiel einen Gedanken anzuwenden, ohne dabei gleich in eine neurologische Sicht zu verfallen.

„Gehalt", „Grenze" und „Richtung" sind besser geeignet, Brücken zwischen verschiedenen Disziplinen zu schlagen. Weiterhin drängen ihre überkommenen Bedeutungen das Verständnis weniger dazu, die Dreiheit selbst unvereinbar zu trennen. „Gehalt-Grenze-Richtung" klingt für unsere Ohren zwar sperriger als „Raum-Zeit-Materie", es lässt sich aber im Kopf doch besser zusammenhalten.

Darüber hinaus haften an den klassischen Begriffen und Konzepten Schwierigkeiten, die wir uns nicht ohne Not auch noch mit auflasten wollen. Zum Beispiel scheint am Raum unumgänglich die Leere zu kleben und also das Nichts. Noch weniger fasslich ist die Zeit, die als Abstraktum noch nichtiger als der Raum erscheint.[15]

79.   Ich denke, dass, bestimmt durch die Epoche, in der wir leben, wir gerade erst wieder damit beginnen, die dynamischen Momente des Daseins zu begreifen. Die „reine" Grenze, die Form, das Gesetz war seit 2000 Jahren obenauf; was Gehalt und Richtung bedeuten, haben wir daher beinahe vergessen.

Den alten Griechen mag das viel verständlicher gewesen sein, vielleicht selbstverständlich. Ihr „Physis" bedeutete noch „aufgehendes Werden". Heute identifizieren wir mit Physis eher das Beständig-Unveränderliche und die Physik ist eine Wissenschaft vom Toten, das sich höchstens noch im Sinne einer Ortsveränderung bewegt. Für einen alten Griechen dagegen hatte ein Magnet Seele, weil er bewegte. Für uns ist ein Stein das Sinnbild des Toten und wir haben große Schwierigkeiten damit, ihn in seinem inneren Wesen und richtenden

---

[15] Eine Bestimmung für konkrete Zeit, die zwar nicht ganz zum Thema hier passt, dennoch aber schön ist, wie ich finde, lautet: *Zeit ist der allgemeine Name für den Rhythmus, an dem alle anderen Rhythmen gemessen werden.*

Einfluss auf sein Umfeld zu erfassen. Aber auch ein Diamant *wird* und sein Werden verändert ...
Getragen und gestützt werden diese Schwierigkeiten auch von der zu weit getriebenen Unterscheidung in Lebendiges und Totes, einem der unzähligen unseligen Dualismen. Natürlich ist das Universum kein Lebewesen und ein Stein ist keine Pflanze, aber es ist – aus einer übertriebenen Trennung heraus – heute ja beinahe zum Rätsel geworden, wie das Leben ins Tote kommt, wie die Seele den Körper bewegt, wie Geist und Materie eins sein können ... Die Lösung: Sie waren nie ontologisch verschieden! Besser noch: Die grundsätzliche Unterscheidung selbst ist der Fehler, auf den die Unterscheider nun staunend zurückblicken müssen. Insbesondere die Gottes- und Jenseits-Religionen haben an dieser Stelle unheimlich viel kaputt gemacht.

80. Am wichtigsten bleibt zu bemerken: Es gibt nicht verschiedene Dinge und dann noch eine oder mehrere von diesen Dingen verschiedene Sphären oder Dimensionen, *in* denen die Dinge dann – wie auch immer – sind. Sondern: Alles Dasein ist Dasein von Daseinsformen und jede Daseinsformen ist Grenze *und* Gehalt *und* Richtung. Jede Grenze ist Grenze, Gehalt und Richtung. Jeder Gehalt ist Gehalt, Grenze und Richtung. Und jede Richtung ist Richtung, Gehalt und Grenze. Es ist ein dreidimensional einiges Kontinuum von Grenze, Gehalt und Richtung.

81. Die als Grenze, Gehalt und Richtung begrifflich gefassten metaphysischen Basis-Dimensionen sind, im Gegensatz zu den allermeisten anderen metaphysischen Spekulationen, Konkreta jeder Anschauung, Vorstellung oder Erfahrung. Auch das zeichnet sie zu diesem Zweck aus. *Metaphysische Konkreta* – was für eine Wende!

III DIE DIMENSIONALE VERBINDUNG DER DASEINSFORMEN

82. Aller Gehalt ist ein Gehalt, alle Grenze eine Grenze und alle Richtung ist eine Richtung. Die verschiedenen Daseinsformen sind, da nichts nicht ist, notwendig miteinander *kontinuierlich verbunden.*

Jede Daseinsform muss in jeder bestimmten Perspektive in mindestens einer Dimension *unvermittelt* mit einer anderen Daseinsform verbunden sein. Wo von *verschiedenen* Dingen gesprochen werden kann, da ist die Verbindung zweier Daseinsformen in einer oder zwei Dimensionen *vermittelt.*

Zum Beispiel kann ein Ballon als verschieden von der ihn umgebenden Luft erfasst werden, nicht aber die Grenze von Luft und Ballon als verschieden von Ballon und Luft. Dennoch kann, in Anerkennung unserer Grundsätze, kein Bruch zwischen beiden bestehen. Denn wenn alles und jedes Gehalt, Grenze und Richtung ist, dann muss auf irgendeine Art der Ballon mit der Luft in allen drei Dimensionen verbunden sein.

Darum sagen wir, dass der Ballon und die Luft in mindestens einer Dimension *unvermittelt* verbunden sein müssen und in einer oder zwei Dimension *vermittelt* verbunden sein werden.

In diesem Kapitel geht es allein um die unvermittelte Verbindung von Daseinsformen.

DIE ARTEN UNVERMITTELTER VERBINDUNG

83. Unvermittelte Verbindung besteht entweder eindimensional:
in der Grenze,
im Gehalt
oder in der Richtung

oder zweidimensional:
in Grenze und Gehalt,
in Grenze und Richtung
oder in Richtung und Gehalt.

Die Rede von einer unvermittelten dreidimensionalen Verbindung von Daseinsformen macht keinen Sinn, da darin die dimensionale Differenz fehlt. Eine solche Differenz aber braucht es notwendig, um überhaupt zwei Daseinsformen unterscheiden zu können.

Jede dimensionale Verbindung kann grundsätzlich ausgewogen oder gewichtig aufgefasst werden. Sind also zum Beispiel zwei Daseinsformen eindimensional in der Richtung geeint, so können sich beide dennoch in ihrer Richtungshaftigkeit unterscheiden.

I.1)   - | --[16]

Ein Bild für diesen Fall wäre vielleicht, wie der vom Lauf einer Herde aufgewirbelte Staub von ihr mitgetragen wird, oder wie das Gefühl Hunger von dem Verlangen „Fleisch!" begleitet wird. Staub und Herde, „Fleisch!" und Hunger sind dabei in der Richtung verbunden. Die Herde und der Hunger aber wären in diesen Verbindungen richtungshafter als der

---

[16] Das Symbol | grenzt lediglich die Daseinsformen gegeneinander ab. Zur Fokussierung auf das hier Wesentliche wird an dieser Stelle auf die Darstellung der übrigen Dimensionen der verbundenen Daseinsformen verzichtet.

Staub und „Fleisch!". Natürlich kann man sich auch vorstellen, dass eine Herde vom Staub getrieben wird oder dass das Verlangen „Fleisch!" eine Art Hunger nach sich zieht.

84. Ein anderes Bild für Verbundenheit in der Richtung wäre, dass zwei Menschen dasselbe Ziel verfolgen. Auch wenn es ein seltener Grenzfall ist, kann man sich mit Hilfe dieses Bildes durchaus vorstellen, dass dabei beide Personen nicht nur in der Richtung verbunden und einig sind, sondern sich darüber hinaus auch noch in ihrer Richtungshaftigkeit gleichen. Dies wäre dann ein Fall einer ausgewogenen dimensionalen Verbindung.

I.2)   - | -

85. Die Möglichkeiten der gewichtigen oder ausgewogenen Verbindung bestehen für jede Dimension. In den formalen Darstellungen I.1) und I.2) kann also „-" auch durch „o" oder „." ersetzt werden. In der speziellen Ausprägung der gezeigten grundsätzlichen Arten der Verbindung sind wiederum unendlich viele graduelle Variationen möglich.

UNVERMITTELTE ZWEIDIMENSIONALE VERBINDUNG

86. Bilder, in denen zwei Dinge sowohl in ihrer Grenze als auch in ihrer Richtung geeint sind, wären zum Beispiel der Ritt zu Pferd oder die Fahrt im Auto. Über den Sitz, die Hände und die Füße sind Pferd und Reiter, Fahrer und Wagen in ihrer Grenze verbunden. Als Bewegte und Bewegende sind sie ebenfalls in ihrer Richtung geeint. Dabei können sowohl Pferd als auch das Auto zuweilen richtungshafter sein als ihr Reiter oder Fahrer. Unter gewöhnlichen Umständen ist es natürlich meist umgekehrt. In ihrer Grenzhaftigkeit unterscheiden sich Reiter

und Pferd deutlich weniger als Auto und Fahrer, der Mensch ist aber bei Weitem grenzhafter als eine solche Maschine.

87. Grundsätzlich lassen sich folgende Arten der Ausprägung zweidimensionaler Verbindungen festhalten. Die Darstellung in folgender Tafel ist beispielhaft und entspricht den eben eingeführten Bildern.

Die Dimensionssymbole sind auch hier grundsätzlich austauschbar, so wie oben bei den Grundformen der eindimensionalen Verbindung. Weiterhin sind auch hier die speziellen Ausprägungen der grundsätzlichen Möglichkeiten in unzählbaren graduellen Variationen denkbar.

II.1	- | -o | o		
II.2	-- | -o | oo		
II.3	- | -o | oo	II.3.1	-- | -o | o
II.4	- | --oo | o		
II.5	- | --oo | oo	II.5.1	-- | --oo | o
II.6	- | --o | o	II.6.1	- | --oo | o
II.7	- | --o | oo	II.7.1	...
II.8	-- | --o | o	II.8.1	...
II.9	-- | --o | oo	II.9.1	...
II.10	--- | --o | o	II.10.1	- | -oo | ooo
II.11	--- | --o | oo	II.11.1	...

Aus den elf zweidimensionalen sowie den zwei eindimensionalen Verbindungsarten, die hier beispielhaft dargestellt wurden, ergeben sich 63 faktisch mögliche Grundformen unvermittelter dimensionaler Verbindung in zwei Dimensionen. Eine Aufstellung dieser 63 Grundformen findet sich im Anhang II zum Grundriss zur Trialektik.

IV ZUM ERFASSEN DER DIMENSIONEN

88. In einer gewissen Hinsicht kann man zwischen Dimensionen und Daseinsformen unterscheiden. Denn die Dimensionen können als Aspekte der Daseinsformen aufgefasst werden, umgekehrt aber können Daseinsformen nicht als Aspekte von Dimensionen verstanden werden. Die Dimensionen sind die grundlegenderen Momente, ihr Begriff ist umfassender und spezieller.

Unabhängig von dieser unterscheidenden Redeweise ist aber der Grundsatz, dass alles dreidimensional ist, auch auf die Dimensionen je für sich anzuwenden. Grenze, Gehalt und Richtung können uns somit zwar als abstrakte Momente konkreter Daseinsformen gelten, faktisch erfassbar ist jedoch auch jede Dimension nur als konkrete Daseinsform. Insofern ist das Erfassen von Dimensionen und Daseinsformen dasselbe.

89. Die Dimension Richtung kann daher nur als richtungshafte Daseinsform und also entweder nur als

    5.1   ..   o   ---
oder
    5.2   .   oo   ---
oder
    5.3   .   o   --
erfasst werden.

Der Gehalt kann nur in Form von etwas Gehalthaftem und also entweder nur als

    3.1   ...   oo   -

Trialektik

oder
    3.2   ...   o   --
oder
    3.3   ..   o   -
erfasst werden.

Und auch Grenze kann nur als Grenzhaftes und also entweder nur als

    4.1   ..   ooo   -
oder
    4.2   .   ooo   --
oder
    4.3   .   oo   -
erfasst werden.

90. Auch unter diesem Gesichtspunkt lässt sich eine Typisierung ähnlich der bereits oben in Kapitel I eingeführten aufziehen. Man kann von eindeutig gehalthaften, eindeutig grenzhaften und eindeutig richtungshaften Daseinsformen sprechen. Ihr Anteil an allen Daseinsformen beträgt jeweils 3/13 bzw. 23%.

EBENENDIFFERENZ

    Betrachte mit Verständnis das Abwesende als genauso zuverlässig anwesend wie das Anwesende: denn nicht wird das Verständnis das Seiende vom Seienden abschneiden, von seinem Zusammenhang, weder als ein, wie es sich gehört, sich überallhin gänzlich Zerstreuendes noch als ein Sichzusammenballendes.

Parmenides
Über das Sein.

91.   Erfasst wird alles und jedes nie von sich selbst, sondern immer von einem anderen.
Selbst da, wo etwas im übertragenen Sinne sich selbst erfasst, muss es sich zuvor quasi spalten. So zum Beispiel der Mensch, der sich selbst in *Körper* und *Bewusstsein* zerlegt und, nicht zu vergessen, dazu selbst auch noch zu dem *Erfassen wird, welches einen Körper beziehungsweise ein Bewusstsein greift.*
Das Erfassende kann sich als Erfassendes nicht selbst erfassen, sondern nur das erfasste andere – und dieses auch nur im Kontrast zu einem Dritten. Blendet man das kontrastierende Dritte aus, so bedarf es zu einem Erfassen also zumindest zwei verschiedener Daseinsformen. Die erfassende Form kann lediglich spekulativ erschlossen werden und befindet sich in jedem konkreten Erfassen in einem von der erfassten Daseinsform unterschiedenen Modus, man kann auch sagen: auf einer anderen Ebene. Diesen Sachverhalt nennen wir zum einen *Ebenendifferenz*. Zum anderen besteht eine Art Ebenendifferenz auch zwischen dem Erfassten und dessen Kontrast.

92.   Im Modus des Erfassens ist in einer gewissen Hinsicht also nur das Erfasste anwesend. Das Erfassende kann man sich spekulativ erarbeiten, jedoch ändert das nichts an seiner Abwesenheit im Akt des Erfassens. Das kontrastierende Dritte ist quasi nur Hintergrund und damit höchstens indirekt erfasst.
Das spekulative und abstrakte Moment der Trialektik besteht unter anderem darin, die drei Dimensionen eines Erfassens – Erfasstes, Kontrast, erfassen – auf eine Ebene zu stellen und ihre modale Verschiedenheit ontologisch als nicht vorhanden zu betrachten. Sowohl das Erfasste als auch das von diesem Erfassten auf der Ebene des Erfassten Verschiedene (der Kontrast) sowie das Erfassen selbst werden ontologisch auf derselben Ebene verortet. Mit den absurden Möglichkeiten des Verstandes blenden wir also die faktisch unumgehbare und genau genommen doppelte Ebenendifferenz aus – oder besser noch, wir überspringen sie.

93. Die überlieferten Dualismen und Dichotomien können nun zum einen als auf die Spitze getriebene Unterscheidungen auf der Ebene des Erfassten verstanden werden (Erfasstes gegenüber Kontrastierendem), vermischt vielleicht noch mit der Ahnung des trennenden Moments der Ebenendifferenz zwischen Erfasstem und Erfassen.

Damit gewinnt die Unversöhnlichkeit, Verschwommenheit und Widersprüchlichkeit der jeweiligen Antipoden nun erklärbare Verständlichkeit. Auch wenn im Zuge dieser Aufklärung manche Absurditäten endgültig über Bord geworfen und zurückgelassen werden müssen, so werden viele Dualismen doch in der Trialektik aufgehoben und in einem neuen, weiteren Verständnis entfaltet werden können.

ERFASSEN DER DIMENSIONEN

94. Die Dimensionen können nur als Daseinsformen erfasst werden. Die Grundform zu einem derartigen Erfassen der Dimensionen bilden daher drei dimensional verschieden gewichtige Daseinsformen, wenn man so will eine Matrize mit neun Positionen.

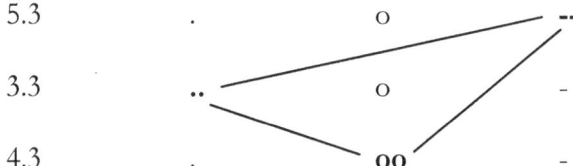

Abbildung:
Grundform zum Erfassen der Dimensionen

Um die Darstellung möglichst einfach zu halten, sind beispielhaft nicht die dreidimensional verschiedenen und eindimensional starken Daseinsformen (Typ C), sondern die zweidimensional ausgewogenen Daseinsformen in ihrer eindimensional starken Art gewählt (Typ B2). Des Weiteren wird zum besseren Verständnis hier nicht mehr von „stark richtungshaft zweidimensional Ausgewogenem" 5.3 gesprochen, sondern dasselbe wird kurz mit dem Namen der Dimension, als „Richtung" bezeichnet. Gleiches gilt in Hinsicht auf 3.3 „Gehalt" sowie 4.3 „Grenze".

95. Die doppelte Ebenendifferenz des Erfassens oder, wenn man so will, seine Dreidimensionalität kann nun in Verbindung mit dieser Grundform betrachtet werden. Dabei lässt sich für das Erfassen der Dimensionen auf dieser Ebene Folgendes feststellen:
    1. Eine Dimension (Grenze, Gehalt oder Richtung) kann sich nicht selbst erfassen. Die Dimensionen sind auf dieser Ebene für sich selbst blind.
    2. Jede Dimension (Grenze, Gehalt oder Richtung) kann ausschließlich durch eine der jeweils anderen beiden Dimensionen erfasst werden.
    3. Da dasselbe von Verschiedenem verschieden erfasst wird, macht es einen Unterschied, ob zum Beispiel die Grenze vom Gehalt oder von der Richtung erfasst wird.
    4. Wird eine Dimension erfasst, bildet eine jeweils andere Dimension auf der Ebene des Erfassten den notwendigen Kontrast.
    5. Daher macht es auch einen Unterschied, ob zum Beispiel der Gehalt im Kontrast zur Grenze oder im Kontrast zur Richtung erfasst wird.

96. Beim Erfassen der Dimensionen steht der „Blick" also immer in jeweils einer Dimension und sieht sozusagen mit dem der Dimension entsprechenden dimensionalen Auge. Man blickt zum Beispiel richtend auf Grenze vor dem Hintergrund Gehalt oder richtend auf Gehalt vor dem Hintergrund Grenze.
    Man blickt grenzend auf Richtung, deren Kontrast Gehalt ist, oder umgekehrt auf Gehalt, dessen Kontrast Richtung

ist. Oder man blickt „gehaltend" auf Grenze, kontrastiert von Richtung, oder auf Richtung, kontrastiert von Grenze.

SCHEMATISCHE UND GRUNDLEGEND VOLLSTÄNDIGE DARSTELLUNG MÖGLICHEN ERFASSENS

97. *Dialektik ist ausschließlich unaufgelöste Trialektik. Die überkommenen Dualismen sind daher manchmal verwirrt, meistens irreführend, nicht selten falsch und nie die ganze Wahrheit. Sie sind trialektisch aufzulösen und entsprechend umzudeuten.*

98. Um jede Dimension umfänglich zu erfassen, wird sie aus allen möglichen Positionen in den Blick genommen. Im Ergebnis werden dadurch die Dimensionen quasi auseinander erfasst, voneinander abstrahiert und geschieden. Grenze kann zum Beispiel als gehalt- und richtungslos, Gehalt als richtungs- und grenzlos und Richtung als grenz- und gehaltlos erfasst werden. Je nach dem Standpunkt des Erfassens ergibt sich aber, wie gesagt, zum einen durch die Ebenendifferenz zum Kontrast, zum anderen durch die Ebenendifferenz zum Erfassenden ein doppeltes Wesen jeder Dimension.

Der Gehalt wird entweder aus der Grenze oder aus der Richtung erfasst. Er erscheint dann entweder b-c) dunkel grenzhaft geschieden gegen die Richtung und also als *dunkel unbegreifbar* Was (im Sinne von Form) und beständig richtungslos. Andernfalls erscheint er e-f) dunkel richtungshaft geschieden gegen die Grenze und also als dunkel unbegreifbar wirkend und grenzlos, homogen.

Die Phrase „*dunkel* unbegreifbar" ist gerade an dieser Stelle nicht Zeichen von Unklarheit, weder des Verständnisses noch des Ausdrucks, sondern Notwendigkeit der Ebenendifferenz des Erfassens. Man bekommt die Verfassung des Blicks aus dem Blick nicht heraus, aber der Blick kann als Blick unmöglich sich selbst erblicken. Im Fall des Erfassens des Gehalts aus der Grenze meint dunkel-unbegreifbar daher ganz konkret: zwar mit dem grenzhaften Blick, aber eben grenzlos. Im übertragenen Sinne gilt das ebenso für jedes andere Erfassen.

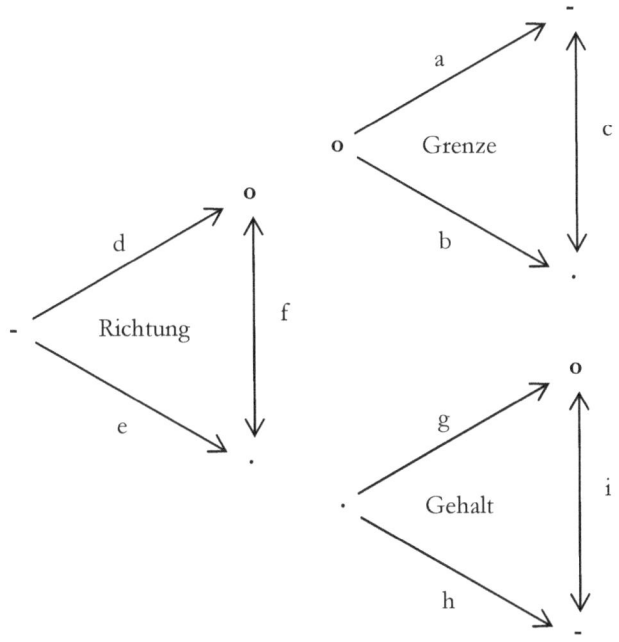

Abbildung:
Erfassen *aus* und Erfassen *von* Grenze, Richtung und Gehalt

Die Grenze erscheint g-i) dunkel gehalthaft, kontrastiert gegen die Richtung, als dunkel unbegreifbar einige und richtungslose Form. Zum anderen erscheint die Grenze d-f) dunkel richtungshaft, kontrastiert gegen den Gehalt, als dunkel wirkende und gehaltlose Form.

Die Richtung wird zum einen a-c) dunkel grenzhaft gegen den Gehalt erfasst und also als abstrakte Bewegung oder sie wird h-i) dunkel gehalthaft gegen die Grenze erfasst, als Energie, Kraft, Wille oder Widerstand.

73

Zur besseren Verständlichkeit greifen die gegebenen Erläuterungen teilweise auf überkommene Begriffe zurück, deren Anwendung aber verfänglich sein kann. Siehe dazu auch Fußnote 19 unten. Die Dimensionen können – als Daseinsformen – aber auch allein unter Nutzung ihrer Namen bezeichnet und beschrieben werden:

b-c) *Gehalt* als[17] dunkle Grenze *ohne*[18] *Richtung*
. e-f) *Gehalt* als dunkle Richtung *ohne Grenze*
. .
. . g-i) *Grenze* als dunkler Gehalt *ohne Richtung*
. d-f) *Grenze* als dunkle Richtung *ohne Gehalt* .
. .
a-c) *Richtung* als dunkle Grenze *ohne Gehalt* .
h-i) *Richtung* als dunkler Gehalt *ohne Grenze*

99. Mit a) bis i) sind in obiger Abbildung auch die Wurzeln aller möglichen dualistischen Widersprüche grundsätzlich vollständig abgebildet.[19] Sie rühren, wie gesagt, zum einen aus der Ebenendifferenz qua Kontrastierung auf der Ebene des Erfassten her, zum anderen aus der Ebenendifferenz, die das Erfassen selbst bedingt.

---

[17] „Als" entspricht hier ausdrücklich nicht „=". Es handelt sich nicht um eine Formel, die Relationen zwischen Variablen ausdrückt, sondern um eine beschreibende Phrase, die eine in sich selbst enthaltene Variable in jeweils zwei Hinsichten beschreibt.

[18] Es geht an dieser Stelle um die begriffliche Fassung der Dimensionen. Aus anderen, bedeutenderen Erwägungen war deutlich, dass keine Dimension „für sich" besteht oder bestehen kann. Das Wörtchen „ohne" hat hier lediglich begrifflich grenzende Funktion und ist ausdrücklich keine ontologische Aussage.

[19] Es ist Vorsicht geboten, auf unsere Grundbegriffe für die Dimensionen überkommene Begriffe übertragen zu wollen, da diese Begriffe in aller Regel die bisherige trialektisch unaufgeklärte Verwirrung spiegeln und daher oft Aspekte verschiedener Ebenen zusammenwerfen. Vielmehr sollen die überkommenen Begriffe durch die neuen Aufklärung finden.

100. *Ein Beispiel:* Platons Ideen können zum einen als Hypostasen[20] des Erfassens von Grenze verständlich gemacht werden. Wie gesagt, wird Grenze einmal aus Richtung gegen Gehalt und einmal aus Gehalt gegen Richtung erfasst. Dementsprechend erscheint Grenze einmal als gehaltlos und quasi reine Form, jedoch irgendwie wirkend oder richtend, da aus der Richtung erfasst. Und weiterhin erscheint die Grenze als ewig richtungslos, unveränderlich, jedoch dunkel seiend beziehungsweise gehaltvoll, als *etwas* also, da aus dem Gehalt erfasst. Sofern die jeweils verschiedene Perspektive – geschuldet dem Erfassen aus der Richtung oder dem Gehalt – als faktisch bestimmendes Moment nicht begriffen wird, werden beide Erkenntnisse der Grenze als Eigenschaften *eines* Gegenstandes formuliert. Platons Ideen sind für ihn daher reine Form im Gegensatz zum Stoff, dennoch aber unaussprechlich etwas und unbegreifbar da und wirksam, obwohl unveränderlich und ohne Bewegung.

Zum anderen mischt sich in Platons Begriff der Idee noch die unaufgeklärte Konsequenz der Ebenendifferenz zwischen Erfassen und Erfasstem. Insofern Ideen in der Vorstellung ergriffene Gegenstände sind, fehlt ihnen der Bezug zur Wirklichkeit der Dinge. Welt und Denken scheinen wesensmäßig verschieden. Denn die Vorstellung ist zwar ein Erfassen der Wirklichkeit – und wird auch von Platon als solche erkannt –, kann aber eben nicht diese erfasste Wirklichkeit selber sein. Platons Ideen scheinen von eben daher in einem ihnen eigentlich fremden Reich wirksam zu werden und bestimmen die Gegenstände der Welt so auf notwendig unerklärbare Weise. Der Widerspruch oder Bruch löst sich durch die Spekulation der Trialektik auf, die eben *keine ontologische Ebenendifferenz* zwischen Erfassen, Erfasstem und dessen Kontrast postuliert, sehr wohl aber faktische Ebenendifferenzen zwischen den Momenten eines Erfassens erkennt.

---

[20] hy|pos|ta|sieren (griech.) personifizieren, gegenständlich machen, verdinglichen

Zuletzt: Da Platon quasi überall Grenze sah, muss er selbst quasi grenzlos gewesen sein – oder anders gesagt: in Richtung und Gehalt deutlich dimensional übergewichtig, ein großer und kraftvoller Typ ohne Plan oder Werte quasi oder, ins Gefälligere gewendet, ein starker Beobachter.

DIE THESE DER TOTALEN AUSGEWOGENHEIT

101. Zum Abschluss dieses Kapitels soll eine These zur Sprache kommen, die sich mir zuletzt beim Bedenken der Grundform zum Erfassen der Dimensionen[21] aufdrängte, sie lautet: *Die Daseinsform aller Daseinsformen ist dimensional ausgewogen.* Das heißt, sie ist weder grenz- noch gehalt- noch richtungshaft. Für diese These spricht, dass sie quasi in der Gesamtaufstellung aller möglichen Ausprägungen von Daseinsformen[22] – die wir für vollständig und richtig halten – angelegt und bestätigt scheint. Entgegen steht dieser These jedoch eine Grundbedingung des Erfassens selbst. Das Erfassen bedarf der Differenz, ja, ist Differenz, immer und immer wieder. Faktisch scheint Ausgewogenheit nicht erfassbar und daher auch aus dem Erfassten nicht notwendig ableitbar. Sie kann also faktisch wohl immer bestritten werden.

102. Auch der bereits häufiger in Anspruch genommene Parmenides hat sich auf diese These eingelassen. Mit Blick auf das Ganze als Universum hielt er sinngemäß fest, es sei in sich perfekt geschlossen, unbeweglich und unveränderlich und stehe also still.

In Anbetracht der augenscheinlichen Tatsachen schien und scheint eine solche These nicht wenigen gänzlich absurd.

---

[21] Vergleiche die Abbildung „Grundform zum Erfassen der Dimensionen"
[22] Siehe Teil III, Kapitel I sowie in Teil II, Kapitel III die Abbildung „Basis der Trialektik"

Vielleicht klärt sich mit Hilfe der vorgestellten Gedanken die Sache weiter auf und wird verständlicher und plausibel. Die Vielfalt und der ständige Wandel der Daseinsformen sind in gewisser Hinsicht etwas anderes als die Ausgewogenheit all ihrer dimensionalen Momente.

V UNVERMITTELTES ERFASSEN VON DASEINSFORMEN

103. Erfassen bedarf der dimensionalen Verbindung. Synthetisierend können Konglomerate von Daseinsformen als eine Daseinsform aufgefasst werden. Analysierend kann eine Daseinsform als ein Konglomerat von Daseinsformen aufgefasst werden.

104. Ein spezielles Erfassen meint den aktuellen Bezug zweier Daseinsformen zueinander, wie er durch die dimensionale Verbindung dieser beiden Daseinsformen faktisch gegeben ist.

105. Insofern auch das menschliche Auffassen als Erfassen verstanden wird, erscheint es, besonders in Hinsicht auf das Auffassen des Augenscheins, als *vermitteltes* Erfassen. Was wir sehend wahrnehmen, gibt sich uns kund vermittelt durch verschiedene Daseinsformen. Die Tasse auf meinem Tisch zum Beispiel ist nicht direkt mit meinem Hirn verbunden, sondern dazwischen sind Luft, Auge, Sehnerv ... Auch für das Hören und Riechen trifft das in ähnlicher Weise zu. Schmecken und Tasten scheinen noch am ehesten *un*vermittelte Arten des Er-

fassens zu sein. Nimmt man es aber ganz genau, so wird man in einer bestimmten Hinsicht einsehen, dass ein derart unvermitteltes Erfassen wie „Ich sehe die Tasse" eher ein theoretisches Konstrukt ist als eine praktische Gewissheit. Es ist darüber hinaus unbedingt richtig und wichtig zu bemerken, dass es im eigentlichen Sinne kein *ver*mitteltes Erfassen gibt und geben kann, sondern dass alles und jedes Erfassen eben notwendig und eigentlich immer unvermittelt ist. Jedes (quasi-)vermittelte Erfassen ist in unvermittelte Erfassungen auflösbar. Diese Auflösung wiederum ist – den einleitenden Sätzen folgend – in ihrer Tiefe beliebig.

106. In Kapitel IV wurde zum Erfassen der Dimensionen eine Grundform von drei Daseinsformen aufgestellt, in der die jeweils drei Dimensionen von drei Daseinsformen miteinander verbunden gedacht waren. Zum Erfassen von verschiedenen Daseinsformen taugt diese Grundform nicht, da von Daseinsformen nur so lange sinnvoll im Plural gesprochen werden kann, als eine jede von ihnen als eigenständig aufgefasst werden kann. Sich selbst Gleiches kann faktisch sich selbst nicht Erfassen. Sind zwei Daseinsformen in drei Dimensionen *unvermittelt* miteinander verbunden, so sind sie nicht mehr voneinander verschieden und können sich daher wechselseitig nicht erfassen.

Erinnert sei aber auch daran, dass alle Daseinsformen vermittelt dreidimensional einig sind, dass also alle Daseinsformen nur eine Richtung, ein Gehalt und eine Grenze sind.

EINDIMENSIONALES UNVERMITTELTES ERFASSEN

107. Zum Beispiel können die Daseinsformen

2.1 .. -- oo und
5.3 o - .

als eindimensional verbunden erfasst werden. Die obige Schreibweise, die die Grenzsymbole beieinander anordnet, soll diese dimensionale Verbindung der beiden Daseinsformen anzeigen. Eine andere Schreibweise zur Darstellung der dimensionalen Verbindung wäre für dieses Beispiel |..--oo|o-.|. Dabei dienen die äußeren | lediglich dazu, die verbundenen Daseinsformen gegen den Text abzugrenzen. Sie sind unter Umständen entbehrlich. Der | zwischen den Richtungssymbolen zeigt die dimensionale Verbindung in eben dieser Dimension. Auch diese Markierung mag unter gewissen Umständen oder zu gewissen Zwecken entbehrlich sein.

..--oo|o-.

Anhand dieses Beispiels soll nun ein eigentümliches Erfassen beispielhaft beschrieben werden. Die erfassende Dimension ist, als das Erfassen selbst, für sich selbst blind. Sie ist die unvermittelt verbindende Dimension, hier die Grenze. Das Erfasste sind Gehalt-Richtung beziehungsweise Richtung-Gehalt. Dabei ist die eine Daseinsform sowohl gehalt- als auch richtungshafter als die andere.

DER HUND AN DER LEINE

108. Die Leine in der Hand beziehungsweise um den Hals, sind Mensch und Hund miteinander in der Grenze verbunden.

Das Vermittelte dieser Verbindung überspringen wir der Einfachheit halber und betrachten sie als unvermittelt. Wir blenden also die Leine als eigene Daseinsform aus und verstehen sie als quasi mit Hund und Mensch verwachsen und starr, ähnlich dem Gestell eines Blindenhundes, das dieser Annahme näher kommt. Aus der einenden Grenze erfasst so der Hund den Menschen und umgekehrt. Beide erfassen die Grenze selbst nicht. Sie erfassen wechselseitig aber über diese Grenze den jeweils anderen als Gehalt und Richtung. Bewegt sich einer, erfasst der andere mehr oder weniger massiv dessen gehaltvolle Richtung, während er selbst die ebenfalls mehr oder weniger gehaltvolle Gegenrichtung stellen mag.

„Zug" und „Widerstand durch Zug" könnten für dieses Beispiel als Ausdrücke für Gehalt-Richtung oder Richtung-Gehalt in Anschlag gebracht werden. Kontrastierend kann dieses „Ziehen" auch nach Richtung oder Gehalt abstrahiert werden. Für die Richtung könnte man dann vielleicht vom „Willen" des Hundes oder des Menschen reden und für den Gehalt von ihrer „Kraft". Das alles aber ist, samt der Grenze, ein und dasselbe. Und mit Hilfe der Daseinsform Hund-Mensch wird anschaulich, was es trialektisch bedeutet: „Zwei Herzen schlagen, ach, in meiner Brust".

109.   Bleibt man bei diesem Beispiel, kann weiterhin die Frage gestellt werden, was passiert, wenn Hund und Mensch in einer weiteren Dimension verbunden werden. Sagen wir, in der Richtung. Man kann sich vorstellen, wie beide beieinander stillstehen oder gemeinsam und einig laufen. In diesen Fällen erfährt grundsätzlich erst mal keiner der beiden etwas vom anderen, weder aus der Grenze noch aus der anderen einenden Dimension, der Richtung, erfassend.

Das Erfassen aus einer unvermittelten zweidimensionalen Verbindung auf die dritte – quasi freie – Dimension scheint nicht möglich. Erklärlich ist das mit dem fehlenden Kontrast auf der Seite des zu Erfassenden.

Jedes Erfassen muss sozusagen zweidimensional frei sein. Das heißt, zwei sich erfassende Daseinsformen sind notwendig eindimensional unvermittelt und zweidimensional vermittelt verbunden.

VI BEISPIELE

110. Dieses Kapitel VI ist nicht so gut, wie ich es gern hätte, da ich selbst noch unerfahren in der Handhabung der Trialektik bin. Das „dritte Reich" entsprang einer recht frühen trialektischen Intuition. Seitdem habe ich besonders diesen Text oft überarbeitet, um das Gemeinte besser herauszustellen. Da ich die Grundgedanken der beiden folgenden Texte für recht fruchtbar halte, bringe ich sie hier, trotz all ihrer Mängel. Ich bitte, die Ausführungen wohlwollend und tolerant zu lesen. Das, worum es geht, kann ganz sicher besser gesagt werden.

DAS DRITTE REICH. HISTORISIERENDE VERDEUTLICHUNG TRIALEKTISCHEN ERFASSENS

```
    Ein Gemeinsames ist es für mich, von woher
ich anfange; denn ich werde dorthin wieder zu-
rückkommen.

                        Parmenides. Über das Sein.
```

111. Das dritte Reich kommt nach dem zweiten und dieses folgt dem ersten. Die Frage, ob es so etwas wie ein erstes Reich

überhaupt je geben kann, legen wir in der Gewissheit beiseite, dass alles und jedes zum Ersten genommen werden kann.

Das erste Reich, auf das wir nun, auf der Schwelle vom zweiten zum dritten stehend, zurückblicken, führte unsere Vorfahren, weniger im geografischen Sinne, von Ägypten nach Griechenland.

Die sogenannte Vernunft, das Abwägen von Zwecken und Zielen, und weiterhin das Wissen um dieses Abwägen waren – und dies sei uns ein Zeichen des ersten Reiches – instinktiv oder unreflektiert. Der Priester glaubte noch an sich selbst. Auch der Krieger, der Kaufmann und der Sklave taten das. Allein das, was war, zählte. Es war ein materiales Zeitalter, in dem Wille und Form wirkten, ohne zu sein. Die Sitten waren unbefragt. Dass ein Wollen oder Streben überhaupt infrage stehen könnte, kam niemandem in den Sinn. Grenze und Richtung waren der Modifikation durch ihre Träger noch nicht zugänglich. Sie wurden unbefangen tradiert, sanft und langsam transformiert. In diesem Sinne aber war das Material, der Gehalt, das Sein selbst ihr Untertan. Zwei große, dunkle Mächte schufen und schlachteten und trieben sich so zu ihren Polen. Diese hießen das monumentale Bauwerk und der Wille zur Eroberung der ganzen Welt.

Die Griechen gingen als Seher und Beobachter in dieses Ägypten und brachten das Mysterium der ewigen Form oder Grenze mit nach Hause. Sie sahen die Pyramiden und die Ewigkeit des Reiches Ägypten. Die Form war so fest, übermächtig, fundamental und greifbar, dass sie in ihrer Aktualität den Blick des Betrachters für den Prozess verschleierte, der sie trug.

Obwohl auch der Keim, aus dem später das dritte Reich erwachsen würde, bereits bei den Griechen bekannt wurde, kam endgültig mit Platon *und* Aristoteles in Griechenland die neu entdeckte Form auf den Thron. Das Materiale, das Sein, die Sachen wurden ihr Untertan und der Wille, die Richtung blieb weiterhin dunkel, das unbekannte Vehikel zu ihrem

Zweck. Im Gegensatz zum Gehalt der Welt, der nun als frei[23] formbar erschien, blieb der Wille, die Richtung dieser Freiheit weiterhin entzogen. Heraklit war ein Fingerzeig zu diesem weiterhin verborgenen Weg.

Die Analytik der Form, ihr Bewusstwerden war es, was daraufhin Rom in einem Zeitraum möglich machte, den man im Vergleich mit der Dauer des ersten Reiches als Ausbruch bezeichnen kann. Rom war der erste Beweis für die Macht der *erkannten* Form. Obwohl vermeintlich Untertanen des Imperiums, führten nun Ägypten und die griechischen Philosophen. Die Form, das Gesetz, war für Rom das Leitmotiv, ein gebundener Führer, noch nicht befreit, aber im Gegensatz zu allem Bisherigen bereits ein Woraufhin. Man wusste nun, *was* man wollte, die Form war das Ziel.

Dass man wollte, wusste man nicht. Der Wille selbst stand immer noch nicht infrage. Die treibende Kraft wurde als solche weiterhin übersehen. Insofern ist Rom ein Erbe des ersten Reiches und dessen Verlängerung.

Das zweite Reich nun, zu dem die Griechen die Schwelle bildeten, entdeckt im Aufstieg Roms endgültig auch das Werden der Form und Grenze und erbt aus seinen Anfängen deren Analytik. Der Priester, bisher Hüter der Riten, wird nun zum Entdecker der Gesetze und zu ihrem Verkünder. Dabei tut er nicht mehr, als in einem gewissen Sinne das Ende zum Anfang zu nehmen. Er macht den überkommenen Effekt zum heiligen Zweck. Die Welt beginnt sich zu drehen. Das zweite Reich ist gekommen.

Der Wille, die Richtung und die Kraft wird vollends unter das eine Gesetz gezwängt, eingesperrt und ins Joch gelegt. Wo sie den Karren nicht zieht, wird sie verdammt. Die Materie wird zum formbaren Stoff und als bloße Substanz der

---

[23] „Frei" meint hier weniger „beliebig" als „resultierend von" – und zwar der Grenze. Die Formen selbst schienen eher abzählbar und ewig als frei und so war auch, zumindest in abstrakter Ideen-Theorie-Folge, der Wandel des Gehalts faktisch nur ziemlich begrenzt frei.

Bedeutung entkleidet. Sie wird nackt und hilflos der Form ausgesetzt. Diese Form aber ist nach dem Untergang Roms und dem damit verbundenen Verlust des überkommenen Gehalts – den man durchaus tragisch nennen kann – nun auf zwei Augen blind. Die Blüte des zweiten Reiches, welches wir mit Whitehead auch „geometrisches Zeitalter" nennen können, heißt Mechanisierung und seine Offenbarungen an das dritte Reich heißen gerichtete Bewegung und Wandelbarkeit der Form.

Wurde das Material im Vermeinen des zweiten Reiches zum Flüchtigen und Unbeständigen schlechthin, so sehen wir heute – auf der Schwelle zum dritten Reich – vielmehr die Grenzen, Gesetze und Formen, wenn wir sagen: „Es gibt nichts Festes mehr, alles ist im Fluss." Was als Novum durch das zweite Reich im Kontrast zum ersten sichtbar wurde, ist, dass auch die Form beziehungsweise die Grenze nicht ewig fest ist. Viel zu sehr wurde gezwungen. Dies war nicht mehr die Welt von einst.

Damit drängt sich aber auch die Faktizität der Hydra Dynamis ins Gesicht. Der Wille wird mehr und mehr als Ding an sich möglich. Seine Analytik ist in vollem Gange. Ein neues Spielfeld, eine neue Herrschaft ist gekommen. Das dritte Reich wird ein dynamisches sein. Der Wille, die Richtung kommt nun auf den Thron und an ihrer Seite flüstern Grenze und Gehalt ihr ins Ohr. Besonders aber wo vergessen wird, wie unbestimmt diese beiden selbst sind, wird der selbstherrliche Wille dieses Flüstern nicht hören.

In gewisser Hinsicht sind die Totalitarismen des 20. Jahrhunderts in der Genesis der Zeitenwenden funktional den alten Griechen verwandt und Erben Roms. War Rom ein letzter Ausbruch des ersten Reiches und der erste Träger der neu entdeckten leitenden Dimension des zweiten Reiches, so sind die drei sozialistischen Totalitarismen die letzten Ausbrüche des zweiten Reiches, getrieben vom neuen Dämon. Unbemerkt bereits vom neuen Geist – der Richtung – durchdrungen, exekutierten sie noch immer die alten Ideale.

Selbstherrlich stand der Wille im neuen Führer an der Spitze und wie einst in Rom überkommener Gehalt und erkannte Form zur Einheit kamen, um sich formend über neues Land zu legen, so verbanden sich nun erkannter Wille und überkommene Form.

Hitler, Stalin und Mao haben der Sache nach nichts mit Caesar gemein. Das Novum in Caesar war, dass nun das Materiale der Form diente. Das Gesetz war erkannt, aber seinem Gehalt noch nicht entrissen. Zu wollen hatte Caesar nichts, er war Wille. Hitler, Stalin und Mao wollten etwas und die Form diente diesem bewussten Willen. Allein dass der Wille noch an der Form klebte, so wie in Rom die Form noch am überkommenen Gehalt hing, das ist ihnen gemein. Ebenso vergleichbar ist der jeweilige Mangel. Rom sah den Willen *noch* nicht. Auf der Schwelle zum dritten Reich neigte man nun dazu, den Stoff, das Materiale, den Gehalt zu übersehen und auszublenden.

Vor Caesar war das Materiale das Schlachtfeld von Form und Willen gewesen, ohne dass irgendwer Form oder Willen gesehen hätte. Dann wurde die Form festgehalten und erfüllt. Wille und Gehalt wurden ihr geopfert. Zuerst noch nicht entfremdet von ihren Bedingungen, wurde sie in der Verabsolutierung immer weiter von ihnen entrückt. Das Materiale, anfangs noch Träger dieser nunmehr festgestellten Form, wurde zu deren Vehikel. Im dritten Reich ist es nun der Wille, der führt, auch wenn er anfänglich der Form, an der er bei seiner Entdeckung klebte, noch nicht entrissen ist.

Die überkommene Form war und ist es, die an der Zeitenwende vom zweiten zum dritten Reich den Willen erfüllt, prinzipiell aber – wie einst das Materiale – bereits der Beliebigkeit anheimgestellt ist. Läuft alles in Entsprechung zum letzten Umschwung, so wird zunächst die Form aufgelöst werden, das Gesetz, die Grenze, wird zum beliebigen Spielball. Der Gehalt bleibt, so wie einst der Wille, lediglich dunkler Schatten und die Welt wird bunt und leer …

Das erste Zeitalter war ein sensibles, das zweite war ein kontemplatives und das dritte wird ein aktives – oder besser: dynamisches sein; vielleicht auch ein bloß aktionistisches. Wenn aber alles richtig gut geht, dann wird es ein im besten Sinne *lebendiges* Zeitalter sein. Die Erkenntnis des zweiten aus dem ersten Reich war die Form respektive die Grenze. Die Erkenntnis des dritten aus dem zweiten Reich ist der Wille respektive die Richtung.

Erinnern wir uns an den Gehalt und entdecken ihn neu. Und halten wir alle drei Momente für sich und zusammen. So wird alles gänzlich neu.

Obwohl – oder besser: weil es die Form selbst aufschloss, verlor das zweite Reich die Form des ersten. Und weil das dritte Reich den Willen selbst entdeckte, wird es das Wollen des zweiten Reiches hinter sich lassen.

DAS REICH DER IDEEN

112. Der Gedanke, das Gedachte und das Denken scheinen etwas völlig anderes zu sein als die uns umgebende Welt oder auch unser Körper. Wir können das denkend Gedachte nicht mit denselben Kategorien fassen. Wir können es nicht berühren, es hat kein Gewicht, scheinbar keine Schwere und es bildet keinen Widerstand wie sonst jeder andere Gegenstand, den wir berühren. Wir fühlen es auch nicht auf dieselbe Weise wie unseren Magen zum Beispiel oder unser Herz.

Spätestens mit Plato kam von daher der Gedanke auf, dass es sich hier mit dem Reich der Ideen um eine Art zweites Reich handeln könnte, das auf ungeklärte und unbeschreibliche Weise mit dem ersten Reich, dem der Physis im griechischen Sinne, dem Reich des aufgehenden Werdens, verwoben ist.

113. *Die Vorstellung*, das Denken von etwas, das Gedachte, *steht im Gehalt*. Daher hat eine Vorstellung kein Gewicht, ist

bloßes Bild und kann selbst nicht zum Widerstand werden. Aus ihrer unreflektierbaren Gehalthaftigkeit heraus entdeckt die Vorstellung allein bewegte Formen oder Formen in Bewegung oder, in unserer abstraktesten Sprachform, gerichtete Grenze oder gegrenzte Richtung, bewegte Bilder oder Bilder in Bewegung, nicht nur federleicht, sondern in eben dem Sinne leer, als das Erfassen selbst Gehalt ist und daher Gehalt selbst nicht erfasst werden kann.

Es gibt sehr wohl Angst im Traum, aber keinen Schmerz. Daher bietet das Kneifen ein sicheres Indiz dafür, nicht zu träumen.

114. *Das Denken* dagegen, als solches selbst, *steht in der Grenze*. Es hat keine Form und kann sich selbst als Form und Grenze nicht greifen. Aus unreflektierbarer Grenzhaftigkeit entdeckt es allein gerichteten Gehalt und gehaltvolle Richtung, Drang und Impuls, den *Fluss* der Gedanken. Denken ist sozusagen Musik und Kraft. Wo also die Grenze unser blinder Fleck ist, da denken wir – oder besser: Wir sind dann das Denken selbst. Wir erfassen Gehalt und Richtung, ein Was und ein Wohin und beide untrennbar miteinander verbunden. Das Denken ist grenzen- und formlos, in gewissem Sinne ein Wogen. Es ist, um ein Bild zu geben, die Bewegung des Wassers in sich selbst, nicht der Wellen an seiner Oberfläche. Man kann im Wasser das Wasser selbst greifen, man behält dabei nichts in der Hand, es gleitet einem durch die Finger, flüssig, grenzenlos. Der gedachte Gedanke ist gerichteter Gehalt und gehaltvolle Richtung. Das Denken denkt als in sich selbst bewegt und sich Veränderndes und kann als Erfassen aus der Grenze eben Grenze selbst nicht fassen. Der verletzte Wille schmerzt sehr deutlich auch *im* Denken.

115. *Das Urteil* zuletzt, der Beschluss, Entschlossenheit, *steht in der Richtung* und kann von daher die eigene Richtungshaftigkeit selbst nicht begreifen. Es gibt sich dem Urteil allein das quasi stille, feste So als solches. Dabei ist dieses So selbst das

erfassend Gerichtete. Urteilen, beschließen oder richten heißt gegrenzten Gehalt oder gehaltvolle Grenze wahrsagen und feststellen. Im Reich der Ideen bringt das Urteil Systematiken der Washeit hervor, bindet Vorstellung und Denken, Grenze *und* Gehalt. Urteilen heißt richtend Festes schaffen und also Verhältnisse feststellen. Dies heißt auch „Entschlossenheit" der Tat und Handlung. Der Entschluss ist der Weg, der, gleich einer Einbahnstraße, vom Reich der Ideen in die Welt führt, Gedachtes realisiert. In Anknüpfung an Aristoteles könnte man sagen, das Urteil ist der unbewegte Beweger, die Richtung, die als Erfassen sich selbst nicht erfasst.

Der trialektische Sprung löst den Widerspruch im Begriff des unbewegten Bewegers auf.

VII Richtung

116. Wie zu Beginn dieses dritten Teils erwähnt, ist es nicht so, dass der Bauplan der Trialektik fertig ist und hier sozusagen das Haus mit Hilfe dieses Bauplans aufgezogen wird. Vielmehr ist es sogar so, dass gerade erst der Grundriss entworfen und damit quasi ständig auch noch an den Grenzen dieser Entwurfsarbeit gerührt wird. Von daher tappe ich nicht nur, nach vorne gesehen, vom Grundriss hin zum Plan und Haus, noch weitgehend im Dunkeln, sondern zuweilen auch noch an den Grenzen von Entwurf und Grundriss selbst. In dieses Dunkel tritt nun das letzte Kapitel etwas weiter hinaus. – *Was heißt Richtung?*

RICHTUNG ALS POTENZIAL

117. Man führe sich einmal vor Augen, mit welcher Selbstverständlichkeit wir insbesondere die Dimension Grenze handhaben, wie natürlich wir sie erkennen und verstehen, wie alltäglich unsere Vorstellung von diesem Begriff geprägt ist. Die Richtung dagegen ist uns ziemlich fremd.

Wie in Kapitel VI gesagt, ist ihre Entdeckung der Hahnenschrei zum dritten Reich. Als diese Dimension im Auftakt des gerade anbrechenden Zeitalters erstmalig bewusst, ja, man muss sagen, mit Gewalt aufgenommen wurde, geschah dies noch auf Grenzen und Gehalte des vorangegangenen Zeitalters hin – sowohl im Politischen wie auch in den übrigen Dingen der Welt. Nehmen wir zum Beispiel die christlich-religiösen oder quasi-christlich-religiösen Formen und Zwecke, die durch die Zeitenwende hindurch greifen und über sie hinausragen. Ob nun nationalsozialistisch, christlich, konfuzianisch, kommunistisch oder sozialistisch verklärt, was waren der Zweite Weltkrieg, Maos Kulturrevolution oder Stalins Russland verglichen mit Caesars Legionen, Alexanders Heer oder Xerxes' Armee von einer Million? Was war die Pax Romana verglichen mit der Einhegung des demokratischen Menschen in Gesetze, Abergesetze und den Zwangshilfewahnsinn?

„Es ist mein Wille!" Diese Entdeckung, *in den überkommenen Formen und Zwecken* befangen als „Dies will ich wollen!", das ist die Ursache all der neuen Grausamkeiten an der Nahtstelle der Zeitalter. Die „verfluchte Geschichte"[24], wie Nietzsche sie nannte, wird nun *willentlich* auf die Spitze getrieben. Und man meint sich auch noch gut dabei![25]

---

[24] Friedrich Nietzsche. Der Antichrist. Fluch auf das Christenthum. Gesetz wider das Christenthum.

[25] Mechanistische Arbeitsteilung und mechanistische Wissensorganisation sind zwei weitere solcher Grausamkeiten, die wir dem vom Gehalt entkleideten Formenwahn des zweiten Zeitalters verdanken.

So sehr die Grenzen des zweiten Reiches die Richtung des neuen Zeitalters im Anfang auch prägen, so rasant werden sie gebrochen werden. Die Welt befindet sich mitten in diesem Prozess der Zersetzung. Dabei wird nicht nur die Grenze infrage gestellt, sondern meist auch der integrierte Gehalt gleich noch mit verworfen. Das Kind wird wohl auf einige Zeit zu oft noch mit dem Bade ausgeschüttet werden.

Im Nicht-Politischen war bisher die Richtung noch selten viel mehr als ein dunkler Trieb. Als Kraft war sie lediglich ein Mysterium zwischen Körpern. Über den Begriff „Energie" findet sie nun langsam Eingang in dieselben. Auch Eros, das strebende Verlangen, kommt – zum Beispiel im „Willen zur Macht" – langsam wieder zu Ehren. Und dennoch, in Sachen Richtung stehen wir sehr am Anfang. Die bereits vor etwa 2500 Jahren von Zenon als Paradox herausgestellte „*Bewegung von etwas im Raum*" ist bis heute weithin unserer Weisheit letzter Schluss und unsere prägendste Vorstellung von dieser Sache – Richtung!

Grenze und Gehalt fallen uns fast selbstverständlich in Ding und Gegenstand zusammen. Wir haben wenig Schwierigkeit damit, Denken und Gedachtes zusammenzufassen, auch wenn die Form, entsprechend dem Zeitalter, aus dem wir gerade heraustolpern, meist führt. Das Urteil aber, auch das judikative, der Weg oder die Bewegung, das Richten und die Richtung treten noch immer zu demjenigen, das als gerichtet oder richtend erfasst wird, quasi als Fremdes erst hinzu. Die *Kraft* wird *übertragen*, ist *zwischen*, *über* oder *jenseits* der Körper ...

Aber alles und jedes ist Gehalt *und* Grenze *und* Richtung. Nichts ist nicht. Was heißt also Richtung?

GEHALT ALS EINHEIT UND STREBEN ZUR EINHEIT ALS BRÜCKE

118. Was Gehalt ist. – *Insofern das Gehaltvolle richtungshaft gefasst wird, strebt es zur Einheit; – und im Begriff der Einheit findet sich, betrachtet man das Wesen des Gehaltvollen, seine Grenze.*[26]

Wesen und Streben, Grenze und Richtung des Gehalts, ist also je Einheit. Grenze und Gehalt werden durch Richtung geschieden und sind mit ihr verbunden eins. Wo Richtung und Grenze geschieden erscheinen, eint als Erfassen der Gehalt und es eint erfassend die Grenze, wo Gehalt und Richtung sich scheiden.

Das Wissen um diese Art Einheit und das Gespür für die Dinge, die uns in Ermangelung dieses Wissens verborgen bleiben, das hält die Zukunft bereit. Es herrschen Verbindungen zwischen den Dingen, von denen wir bisher kaum eine Ahnung haben ... Die Entdeckung der Richtung und der trialektische Ansatz werden vielleicht helfen, die Grenzen, welche uns zum Beispiel die falschen Vorstellungen Raum und Zeit auferlegt haben, zu sprengen. Es gilt, der Richtung bewusst zu werden, die Grenze nicht zu verlieren, sich des Gehalts zu erinnern und, darauf gründend, eine gänzlich neue Sensibilität zu entwickeln!

DIE EINE RICHTUNG DER RICHTUNG

119. Stehen wir auf der Südhalbkugel der Erde, dann sehen wir das Wasser meist im Uhrzeigersinn in Abflüsse fließen. Stehen wir auf der Nordhalbkugel, dann sehen wir es – genau umgekehrt – entgegen dem Uhrzeigersinn abfließen. Es ist eine

---

[26] Vielleicht eine weitere der fünf Grundaussagen (5c), die den drei undefinierten Begriffen gewisse logische Eigenschaften zuschreiben.

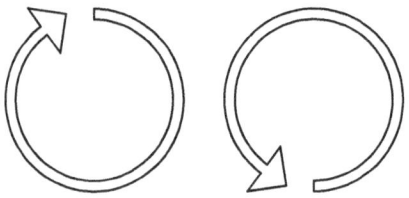

Frage der Perspektive, ebenso wie die Frage nach der Richtung der Richtung. Die Dimension Richtung ist für sich immer ein und dieselbe und es gibt insofern nur eine Richtung der Richtung. Jedoch schauen wir jeweils aus verschiedenen Perspektiven auf sie. Das Bild von einem wilden Knoten oder Knäuel mag dies recht deutlich veranschaulichen.

Die Abbildung zeigt ein und dieselbe Richtung, einmal von oben und einmal von unten betrachtet. Auf eben dieselbe Art „ändert" sich auch die Richtung, wenn man um eine Sache herumgeht, sie von vorn oder hinten, von links oder rechts betrachtet. Manche Dinge drehen wir einfach, damit sie passen.

120. Nehmen wir das Bild von dem Faden, der ein verworrenes Knäuel bildet, wieder auf. Stellen wir uns vor, die Richtungen der beiden Enden einer Schleife in diesem Knäuel seien gegeneinander gerichtet. Wollte man beide Enden in der Richtung einen, so müsste man eines der Enden nun nochmals in einer Schleife drehen. An der Richtung der Richtung ändert das gar nichts, sehr wohl aber am Knäuel.

Die drei Richtungen der Richtung

121. In einer Hinsicht ist, wie gesagt, alle Richtung eine Richtung. In einer anderen Hinsicht aber gibt es drei Richtungen der Richtung.

Wie bereits in Kapitel IV ausgeführt, wird Richtung zum einen aus der Grenze im Kontrast zum Gehalt erfasst und zum Zweiten aus dem Gehalt im Kontrast zur Grenze. Die Dimension erscheint dabei zum einen dunkel grenzhaft gegen den Gehalt geschieden und zum anderen dunkel gehalthaft gegen die Grenze. Zum Dritten ist Richtung selbst Erfassen und scheidet so Grenze und Gehalt. Dies sind die drei Richtungen der Richtung. Sie liegen nicht in der Richtung selbst, sondern sind Ausdruck des Verhältnisses der Richtung zu den beiden anderen Dimensionen in einem je konkreten Erfassen.

In den Begriffen „analytisch" (zersetzend, ab- beziehungsweise entwertend, Gestalt vernichtend) und „synthetisch" (aufbauend, auf- beziehungsweise verwertend, Gestalt bildend) wird dieser Sachverhalt wahrscheinlich bereits begriffen, wenn auch dualistisch, unterkomplex und verzerrt.

Mehr habe ich im Moment dazu *leider* nicht zu sagen.

VIII Schluss

122. Während der Abfassung des vorliegenden Grundrisses zur Trialektik, beim Bedenken des Vorgebrachten und seiner Überprüfung bin ich nicht selten allein dem Logos, der vermeintlichen inneren Notwendigkeit des Gedachten und der Sinne gefolgt, ohne tatsächlich zu wissen, wozu oder wohin. Ich habe mir mehr als einmal Nietzsche zitiert: „Wir sind uns unbekannt, wir Erkennenden, wir selbst uns selbst."[27] Mir war und ist also durchaus selbst fraglich, was ich hier tue oder getan habe, wohin es führt oder wozu es im Einzelnen nützen wird. Die Zeiten aber, in denen ich das Ganze selbst lediglich für *höhere Spinnerei* gehalten habe, sind deutlich seltener geworden. Die Erinnerung daran will ich aber nie ganz fahren lassen. Im

---

[27] Friedrich Nietzsche. Zur Genealogie der Moral. Vorrede. 1.

Moment kristallisiert sie ab und zu an dem Gedanken, dass all das *bloß* Wissenschaft sei.

123. Die Trialektik ist ein grundständiger und eigenständiger Gedanke, mein goldener Funke, geschlagen auf den Schultern von Riesen, etwas Neues, das es so bisher noch nicht gab. Ein derart Neues und Fremdes bekannt zu machen, einzuführen, weiterzuentwickeln und in nützliche Anwendung zu bringen, das ist wohl nun ebenso schwierig, wie aus einem Funken ein Feuer zu machen. Wie viele Funken verglühen!

Vielleicht wird die Trialektik einmal zu einer guten und klaren Wahrheit für den Moment werden, wie lang, breit und tief er auch immer sein möge. Vielleicht wird sie außerdem ein schönes Instrument ... Zumindest soll sie zu derlei Gewinn ein Anfang sein.

ANHANG I ZUM GRUNDRISS ZUR TRIALEKTIK

KANTS KRITIK DES RAUMBEGRIFFES IN DER „KRITIK DER REINEN VERNUNFT"; IM WORTLAUT DER ERSTEN AUSGABE (A).

Beginn des Zitats >>

DER TRANSZENDENTALEN ÄSTHETIK ERSTER ABSCHNITT

VON DEM RAUME

Vermittelst des äußeren Sinnes (einer Eigenschaft unsres Gemüts) stellen wir uns Gegenstände als außer uns, und diese insgesamt im Raume vor. Darinnen ist ihre Gestalt, Größe und Verhältnis gegeneinander bestimmt, oder bestimmbar. Der innere Sinn, vermittelst dessen das Gemüt sich selbst, oder seinen inneren Zustand anschaut, gibt zwar keine Anschauung von der Seele selbst, als einem Objekt; allein es ist doch eine bestimmte Form, unter der die Anschauung ihres inneren Zustandes allein möglich ist, so, dass alles, was zu den innern Bestimmungen gehört, in Verhältnissen der Zeit vorgestellt wird. Äußerlich kann die Zeit nicht angeschaut werden, so wenig wie der Raum, als etwas in uns. Was sind nun Raum und Zeit? Sind es wirkliche Wesen? Sind es zwar nur Bestimmungen, oder auch Verhältnisse der Dinge, aber doch solche, welche ihnen auch an sich zukommen würden, wenn sie auch nicht angeschaut würden, oder sind sie solche, die nur an der Form der Anschauung allein haften, und mithin an der subjektiven Beschaffenheit unseres Gemüts, ohne welche diese Prädikate gar keinem Dinge beigelegt werden können? Um uns hierüber zu belehren, wollen wir zuerst den Raum betrachten.

1) Der Raum ist kein empirischer Begriff, der von äußeren Erfahrungen abgezogen worden. Denn damit gewisse Empfindungen auf etwas außer mich bezogen werden (d. i. auf etwas in einem andern Orte des Raumes, als darinnen ich mich befinde), imgleichen damit ich sie als außer einander, mithin nicht bloß verschieden, sondern als in verschiedenen Orten vorstellen könne, dazu muss die Vorstellung des Raumes schon zum Grunde liegen. Demnach kann die Vorstellung des Raumes nicht aus den Verhältnissen der äußeren Erscheinung durch Erfahrung erborgt sein, sondern diese äußere Erfahrung ist selbst nur durch gedachte Vorstellung allererst möglich.

2) Der Raum ist eine notwendige Vorstellung, a priori, die allen äußeren Anschauungen zum Grunde liegt. Man kann sich niemals eine Vorstellung davon machen, dass kein Raum sei, ob man sich gleich ganz wohl denken kann, dass keine Gegenstände darin angetroffen werden. Er wird also als die Bedingung der Möglichkeit der Erscheinung, und nicht als eine von ihnen abhängende Bestimmung angesehen, und ist eine Vorstellung a priori, die notwendiger Weise äußeren Erscheinungen zum Grunde liegt.

3) Auf diese Notwendigkeit a priori gründet sich die apodiktische Gewissheit aller geometrischen Grundsätze, und die Möglichkeit ihrer Konstruktionen a priori. Wäre nämlich diese Vorstellung des Raumes ein a posteriori erworbener Begriff, der aus der allgemeinen äußeren Erfahrung geschöpft wäre, so würden die ersten Grundsätze der mathematischen Bestimmung nichts als Wahrnehmungen sein. Sie hätten also alle Zufälligkeit der Wahrnehmung, und es wäre eben nicht notwendig, dass zwischen zween Punkten nur eine gerade Linie sei, sondern die Erfahrung würde es so jederzeit lehren. Was von der Erfahrung entlehnt ist, hat auch nur komparative Allgemeinheit, nämlich durch Induktion. Man würde also nur sagen können, so viel zur Zeit noch bemerkt worden, ist kein Raum gefunden worden, der mehr als drei Abmessungen hätte.

4) Der Raum ist kein diskursiver, oder, wie man sagt, allgemeiner Begriff von Verhältnissen der Dinge überhaupt, sondern eine reine Anschauung. Denn erstlich kann man sich nur einen einigen Raum vorstellen, und wenn man von vielen Räumen redet, so versteht man darunter nur Teile eines und desselben alleinigen Raumes. Diese Teile können auch nicht vor dem einigen allbefassenden Raume gleichsam als dessen Bestandteile (daraus seine Zusammensetzung möglich sei) vorhergehen, sondern nur in ihm gedacht werden. Er ist wesentlich einig, das Mannigfaltige in ihm, mithin auch der allgemeine Begriff von Räumen überhaupt, beruht lediglich auf Einschränkungen. Hieraus folgt, dass in Ansehung seiner eine Anschauung a priori (die nicht empirisch ist) allen Begriffen von denselben zum Grunde liege. So werden auch alle geometrischen Grundsätze, z. E. dass in einem Triangel zwei Seiten zusammen größer seien, als die dritte, niemals aus allgemeinen Begriffen von Linie und Triangel, sondern aus der Anschauung und zwar a priori mit apodiktischer Gewissheit abgeleitet.

5) Der Raum wird als eine unendliche Größe gegeben vorgestellt. Ein allgemeiner Begriff vom Raum (der so wohl in dem Fuße, als einer Elle gemein ist) kann in Ansehung der Größe nichts bestimmen. Wäre es nicht die Grenzenlosigkeit im Fortgange der Anschauung, so würde kein Begriff von Verhältnissen ein Principium der Unendlichkeit derselben bei sich führen.

SCHLÜSSE AUS OBIGEN BEGRIFFEN

a) Der Raum stellet gar keine Eigenschaft irgend einiger Dinge an sich, oder sie in ihrem Verhältnis aufeinander vor, d. i. keine Bestimmung derselben, die an Gegenständen haftet, und welche bliebe, wenn man auch von allen subjektiven Bedingungen der Anschauung abstrahierte. Denn weder absolute, noch relative Bestimmungen können vor dem Dasein der Dinge, welchen sie zukommen, mithin nicht a priori angeschaut werden.

b) Der Raum ist nichts anders, als nur die Form aller Erscheinungen äußerer Sinne, d. i. die subjektive Bedingung der Sinnlichkeit, unter der allein uns äußere Anschauung möglich ist. Weil nun die Rezeptivität des Subjekts, von Gegenständen affiziert zu werden, notwendiger Weise vor allen Anschauungen dieser Objekte vorhergeht, so lässt sich verstehen, wie die Form aller Erscheinung vor allen wirklichen Wahrnehmungen, mithin a priori im Gemüte gegeben sein könne, und wie sie als reine Anschauung, in der alle Gegenstände bestimmt werden müssen, Prinzipien der Verhältnisse derselben vor aller Erfahrung enthalten könne.

Wir können demnach nur aus dem Standpunkte eines Menschen vom Raum, von ausgedehnten Wesen etc. reden. Gehen wir von der subjektiven Bedingung ab, unter welcher wir allein äußere Anschauung bekommen können, so wie wir nämlich von den Gegenständen affiziert werden mögen, so bedeutet die Vorstellung vom Raume gar nichts. Dieses Prädikat wird den Dingen nur insofern beigelegt, als sie uns erscheinen, d. i. Gegenstände der Sinnlichkeit sind. Die beständige Form dieser Rezeptivität, welche wir Sinnlichkeit nennen, ist eine notwendige Bedingung aller Verhältnisse, darinnen Gegenstände als außer uns angeschauet werden, und, wenn man von diesen Gegenständen abstrahiert, eine reine Anschauung, welche den Namen Raum führt. Weil wir die besonderen Bedingungen der Sinnlichkeit nicht zu Bedingungen der Möglichkeit der Sachen, sondern nur ihrer Erscheinungen machen können, so können wir wohl sagen, dass der Raum alle Dinge befasse, die uns äußerlich erscheinen mögen, aber nicht alle Dinge an sich selbst, sie mögen nun angeschaut werden oder nicht, oder auch, von welchem Subjekte man wolle. Denn wir können von Anschauungen anderer denkenden Wesen gar nicht urteilen, ob sie an die nämlichen Bedingungen gebunden sein, welche unsere Anschauung einschränken und für uns allgemein gültig sind. Wenn wir die Einschränkung eines Urteils zum Begriff des Subjekts hinzufügen, so gilt das Urteil alsdenn unbedingt. Der Satz: Alle Dinge sind nebeneinander im Raum, gilt nur unter der Einschränkung, wenn diese Dinge als Gegenstände unserer sinnlichen Anschauung genommen werden. Füge ich hier die Bedingung zum Begriffe, und sage: Alle Dinge, als äußere Erscheinungen, sind nebeneinander im Raum, so gilt diese Regel allgemein und ohne Einschränkung. Unsere Erörterungen lehren demnach die *Realität* (d. i. die objektive Gültigkeit) des Raumes in Ansehung alles dessen, was äußerlich als Gegenstand uns vorkommen kann, aber zugleich die *Idealität* des Raums in Ansehung der Dinge, wenn sie durch die Vernunft an sich selbst erwogen werden, d. i. ohne Rücksicht auf die Beschaffenheit unserer Sinnlichkeit zu nehmen. Wir behaupten also die *empirische Realität* des Raumes (in Ansehung aller möglichen äußeren Erfahrung), ob zwar zugleich die *transzendentale Idealität* desselben, d. i. dass er nichts sei, sobald wir die Bedingung der Möglichkeit aller Erfahrung weglassen, und ihn als etwas, was den Dingen an sich selbst zum Grunde liegt, annehmen.

Es gibt aber auch außer dem Raum keine andere subjektive und auf etwas *Äußeres* bezogene Vorstellung, die a priori objektiv heißen könnte. Daher diese subjektive Bedingung aller äußeren Erscheinungen mit keiner anderen kann verglichen werden. Der Wohlgeschmack eines Weines gehört nicht zu den objektiven Bestimmungen des Weines, mithin eines Objekts so gar als Erscheinung betrachtet, sondern zu der besondern Beschaffenheit des Sinnes an dem Subjekte, was ihn genießt. Die Farben sind nicht Beschaffenheiten der Körper, deren Anschauung sie anhängen, sondern auch nur Modifikationen des Sinnes des Gesichts, welches vom Lichte auf gewisse Weise affiziert wird. Dagegen gehört der Raum, als Bedingung äußerer Objekte, notwendiger Weise zur Erscheinung oder Anschauung derselben. Geschmack und Farben sind gar nicht notwendige Bedingungen, unter welchen die Gegenstände allein vor uns Objekte der Sinne werden können. Sie sind nur als zufällig beigefügte Wirkungen der besonderen Organisation mit der Erscheinung verbunden. Daher sind sie auch keine Vorstellungen a priori, sondern auf Empfindung, der Wohlgeschmack aber sogar auf Gefühl (der Lust und Unlust) als einer Wirkung der Empfindung gegründet. Auch kann niemand a priori weder eine Vorstellung einer Farbe, noch irgend eines Geschmacks haben: der Raum aber betrifft nur die reine Form der Anschauung, schließt also gar keine Empfindung (nichts Empirisches) in sich, und alle Arten und Bestimmungen des Raumes können und müssen so gar a priori vorgestellt werden können, wenn Begriffe der Gestalten so wohl, als Verhältnisse entstehen sollen. Durch denselben ist es allein möglich, dass Dinge vor uns äußere Gegenstände sein.

Die Absicht dieser Anmerkung geht nur dahin: zu verhüten, dass man die behauptete Idealität des Raumes nicht durch bei weitem unzulängliche Beispiele zu erläutern sich einfallen lasse, da nämlich etwa Farben, Geschmack etc. mit Recht nicht als Beschaffenheiten der Dinge, sondern bloß als Veränderungen unseres Subjekts, die so gar bei verschiedenen Menschen verschieden sein können, betrachtet werden. Denn in diesem Falle gilt das, was ursprünglich selbst nur Erscheinung ist, z. B. eine Rose, im empirischen Verstande für ein Ding an sich selbst, welches doch jedem Auge in Ansehung der Farbe anders erscheinen kann. Dagegen ist der transzendentale Begriff der Erscheinungen im Raume eine kritische Erinnerung, dass überhaupt nichts, was im Raume angeschaut wird, eine Sache an sich, noch dass der Raum eine Form der Dinge sei, die ihnen etwa an sich selbst eigen wäre, sondern dass uns Gegenstände an sich gar nicht bekannt sein, deren Form der Raum ist, deren wahres Correlatum aber, d. i. das Ding an sich selbst, dadurch gar nicht erkannt wird, noch erkannt werden kann, nach welchem aber auch in der Erfahrung niemals gefragt wird.

<< Ende des Zitats

WEITERFÜHRENDE BEMERKUNGEN ZU KANT

124. Auf die gleiche Art wie den Raum betrachtet Kant auch die Zeit. Sie ist das notwendige Nacheinander aller Dinge. Er bestimmt sie als Form der inneren Anschauung. Da aber in gewisser Hinsicht auch das Äußere im Innern angeschaut wird, liegt die innere Anschauung der äußeren ebenso zugrunde und ist also für dieselbe ebenso konstitutiv. Die Zeit ist also neben der Form des inneren auch die Form des äußeren Sinnes, des Raumes. Da nun nichts, weder inneres noch äußeres, jenseits der Zeit angeschaut werden kann, hat die Zeit ebenso wie der Raum „empirische Realität", wie Kant sagt. Keine Anschauung ist jenseits der Zeit denkbar und keine äußere Anschauung jenseits des Raumes *und* der Zeit. Zeit und Raum sind also Bedingungen der Anschauungen überhaupt und insofern empirisch real.

125. Kant ging es um objektive Erkenntnis, darum also, was nur *so* und nicht anders sein kann. Raum und Zeit als Formen aller Anschauung und Erkenntnis sind objektiv, denn sie sind, ungeachtet all des Speziellen der unzähligen einzelnen Erfahrungen, *aller Erfahrung – als deren Bedingung und Grundlage quasi – gemein.* Das „Ding an sich" – ich würde sagen, die Materie – ist dagegen, nach Kant, eben nicht derart objektiv zu fassen. Es beziehungsweise sie ist bloß die äußere Bedingung der Anschauung. Dabei ist auch die Materie selbst, das „Ding an sich" notwendig. Denn es könnte nichts angeschaut, erfahren oder erkannt werden, gäbe es bloß die leeren Formen der Anschauung und Erkenntnis, ohne dieses etwas, welches sie erfassen. Das „Ding an sich", oder die Materie, ist daher mit der Gegebenheit der Realität in gewisser Hinsicht zwar bewiesen, objektiv aber unmöglich fassbar, da es nicht, wie Raum und Zeit, bei uns oder in uns liegt, sondern eben durch die uns eigenen Grundformen nur angeschaut wird und eben „außer uns" liegt.

Viele Kommentatoren Kants sehen darin ein Problem seiner Philosophie. Ich sehe darin den Ausdruck der notwendigen Form jedes Erfassens, wie es im „Beweis der Drei" formuliert ist, nur ein bisschen verquer und aus einer bestimmten Perspektive, quasi auf dem Kopf stehend.

126. Die grundlegenden Momente von Kants Theorie sind durchaus mit der Trialektik in Einklang zu bringen. Seine Hierarchie der Dimensionen halte ich jedoch für verbesserungswürdig.

Das „Ding an sich" ist bei ihm unbegreifbarer, aber *gewisser* Ausgangspunkt aller Erfahrung und Erkenntnis. Es wird vom äußeren Sinn erfasst und quasi in Zusammenarbeit mit dem inneren Sinn angeschaut und bedacht. Materie < Materie in Raumform << Materie in Raum- *und* Zeitform. Die Zeit als höchste Form oder Dimension umgreift alle anderen.

Undenkbar ist für Kant, dass die Materie quasi auch den Raum erfassen könnte oder gar die Zeit, geschweige denn, dass auch dies dann „Erfahrung" genannt werden kann. Er bringt das Ganze zwar auf unhintergehbare und grundlegende drei Momente zurück, ist aber in der Überschätzung des Reiches der Ideen sowie der Teilung der Welten befangen und kann eine bestimmte Art von Hierarchie nicht überwinden.

In den trialektischen Grundbegriffen gesprochen, meint Kant, *dass allein* Richtung Grenze erfassen könne und *dass allein* derart von Richtung erfasste Grenze Gehalt erfassen könne.

Wie weit er damit von der Trialektik entfernt ist, sollte aus dem bisherigen Grundriss deutlich sein. Ungeachtet dessen mag es aber durchaus lohnen, Kants triales Schema und *seine* darin verwobenen Gedanken und Begriffe trialektisch aufzubereiten und fruchtbar zu machen.

ANHANG II ZUM GRUNDRISS ZUR TRIALEKTIK

127. AUFSTELLUNG 63 GRUNDSÄTZLICHER MÖGLICHKEITEN DIMENSIONALER EINIGKEIT VON DASEINSFORMEN

Nr.	Eindimensional einig in:		
	Richtung	Gehalt	Grenze
1.1	-|--	.|..	o|oo
1.2	-|-	.|.	o|o

	Zweidimensional einig in:		
	Richtung & Grenze	Gehalt & Grenze	Richtung & Gehalt
2.1	-|-o|o	.|.o|o	-|-.|.
2.2	--|-o|oo	..|.o|oo	--|-.|..
2.3	-|-o|oo	.|.o|oo	-|-.|..
2.3.1	o|o-|--	o|o.|..	.|.-|--
2.4	-|--oo|o	.|..oo|o	-|--..|.
2.5	-|--oo|oo	.|..oo|oo	-|--..|..
2.5.1	o|oo--|--	o|oo..|..	.|..--|--
2.6	-|--o|o	.|..o|o	-|--.|.
2.7	-|--o|oo	.|..o|oo	-|--.|..
2.8	--|--o|o	..|..o|o	--|--.|.
2.9	--|--o|oo	..|..o|oo	--|--.|..
2.10	---|--o|o	...|..o|o	---|--.|.
2.11	---|--o|oo	...|..o|oo	---|--.|..
2.6.1	o|oo-|-	o|oo.|.	.|..-|-
2.7.1	o|oo-|--	o|oo.|..	.|..-|--
2.8.1	oo|oo-|-	oo|oo.|.	..|..-|-
2.9.1	oo|oo-|--	oo|oo.|..	..|..-|--
2.10.1	ooo|oo-|-	ooo|oo.|.	...|..-|-
2.11.1	ooo|oo-|--	ooo|oo.|..	...|..-|--

ANHANG III ZUM GRUNDRISS ZUR TRIALEKTIK

AUSZUG AUS CARL VON CLAUSEWITZ „VOM KRIEGE". ERSTER TEIL. ERSTES BUCH „ÜBER DIE NATUR DES KRIEGES". 1. KAPITEL „WAS IST KRIEG?"

Beginn des Zitats >>

28. RESULTAT DER THEORIE

Der Krieg ist also nicht nur ein wahres Chamäleon, weil er in jedem konkreten Falle seine Natur etwas ändert, sondern er ist auch seinen Gesamterscheinungen nach, in Beziehung auf die in ihm herrschenden Tendenzen eine wunderliche Dreifaltigkeit, zusammengesetzt aus der ursprünglichen Gewaltsamkeit seines Elements, dem Haß und der Feindschaft, die wie ein *blinder Naturtrieb* anzusehen sind, aus dem Spiel der Wahrscheinlichkeit und des Zufalls, die ihn zu einer *freien Seelentätigkeit* machen, und aus der untergeordneten Natur eines politischen Werkzeuges, wodurch er *dem bloßen Verstande* anheimfällt.

Die erste dieser drei Seiten ist mehr dem Volke, die zweite mehr dem Feldherrn und seinem Heer, die dritte mehr der Regierung zugewendet. Die Leidenschaften, welche im Kriege entbrennen sollen, müssen schon in den Völkern vorhanden sein; der Umfang, welchen das Spiel des Mutes und Talents im Reiche der Wahrscheinlichkeiten des Zufalls bekommen wird, hängt von der Eigentümlichkeit des Feldherrn und des Heeres ab, die politischen Zwecke aber gehören der Regierung allein an.

Diesen drei Tendenzen, die als ebenso viele verschiedene Gesetzgebungen erscheinen, sind tief in der Natur des Gegenstandes gegründet und zugleich von veränderlicher Größe. Eine Theorie, welche eine derselben unberücksichtigt lassen oder zwischen ihnen ein willkürliches Verhältnis feststellen wollte, würde augenblicklich mit der Wirklichkeit in solchen Widerspruch geraten, dass sie dadurch allein schon wie vernichtet betrachtet werden müsste.

Die Aufgabe ist also, dass sich die Theorie zwischen diesen drei Tendenzen wie zwischen drei Anziehungspunkten schwebend erhalte.

Auf welchem Wege dieser schwierigen Aufgabe noch am ersten genügt werden könnte, wollen wir in dem Buche von der Theorie des Krieges untersuchen. In jedem Fall wird die hier geschehene Feststellung des Begriffs vom Kriege der erste Lichtstrahl, der für uns in den Fundamentalbau der Theorie fällt, der zuerst die großen Massen sondern und sie uns unterscheiden lassen wird.

<< Ende des Zitats

WEITERFÜHRENDE BEMERKUNGEN ZU CLAUSEWITZ

128. Nur ein Wort ist aus trialektisch grundlegender Perspektive hier zu streichen: „untergeordneten" am Ende des ersten Absatzes des Auszuges.

ANHANG IV ZUM GRUNDRISS ZUR TRIALEKTIK

GEORG SPENCER-BROWN. GESETZE DER FORM [28]

129. Ich bin zu wenig Mathematiker, um es ausführlich erörtern zu können, dennoch denke ich, dass die „Laws of Form" von George Spencer-Brown im Rahmen der Trialektik als Gesetze der Grenze verstanden und verwendet werden können. Sie passen nicht nur in die Trialektik, sondern bestätigen sie implizit. Obwohl mir gewisse Kapazitäten fehlen, um den Ausführungen der „Laws of Form" weitergehend folgen zu können, glaube ich, den Grundgedanken ergriffen zu haben, und denke, dass mein diffus-sicheres Gefühl der Bedeutung dieses Werkes von daher rührt, dass ich ihn teile.

Soweit im vorliegenden Grundriss der Trialektik die eigentümliche Dimension Grenze nur ungenügend erfasst und in Zusammenhang mit den beiden anderen Basisdimensionen gestellt wird, buchstabieren die „Laws of Form" das Wesen und Wirken oder, besser gesagt, die Funktion der Dimension Grenze mutmaßlich konsequent aus. Spencer Browns Satz: *„Unterscheidung ist perfekte Be-Inhaltung"* mag als Ausdruck des Wesens der Grenze vielleicht eine weitere der fünf Grundaussagen (5d) sein, die der Gruppe der drei undefinierten Grundbegriffe – Gehalt, Grenze und Richtung – gewisse Eigenschaften zuschreiben.

Durch [...] werden im Folgenden von mir vorgenommene Auslassungen des zitierten Textes gekennzeichnet.

Beginn des Zitats >>

---

[28] Boheimer Verlag. ISBN 3-89094-321-7. Englischer Originaltitel: Laws of Form

Das Problem ist mehr eines des Begreifens als wirklicher Schwierigkeit, denn mein Text ist so einfach, dass ein intelligentes sechsjähriges Kind folgen kann. Doch Menschen, insbesondere Erwachsene Menschen, sind es nicht gewohnt, so viele neue Arten, Dinge zu tun, gleichzeitig vorgesetzt zu bekommen: Sie erwarten, dass zwei- oder dreihundert Jahre zwischen jeder kleinen Verbesserung vergehen, was mir, um das mindeste zu sagen, etwas langweilig vorkommt.

[...]

1
DIE FORM

Wir nehmen die Idee der Unterscheidung und die Idee der Bezeichnung als gegeben an, und dass wir keine Bezeichnung vornehmen können, ohne eine Unterscheidung zu treffen. Wir nehmen daher die Form der Unterscheidung für die Form.

Definition

Unterscheidung ist perfekte Be-Inhaltung.

Das heißt, eine Unterscheidung wird getroffen, indem eine Grenze mit getrennten Seiten so angeordnet wird, dass ein Punkt auf der einen Seite die andere Seite nicht erreichen kann, ohne die Grenze zu kreuzen. Zum Beispiel trifft ein Kreis in einem ebenen Raum eine Unterscheidung.

Wenn einmal eine Unterscheidung getroffen wurde, können die Räume, Zustände oder Inhalte auf jeder Seite der Grenze, indem sie unterschieden sind, bezeichnet werden.

Es kann keine Unterscheidung geben ohne Motiv, und es kann kein Motiv geben, wenn nicht Inhalte als unterschiedlich im Wert angesehen werden.

Wenn ein Inhalt Wert hat, kann ein Name herangezogen werden, diesen Wert zu bezeichnen.
Somit kann das Nennen des Namens mit dem Wert des Inhalts identifiziert werden.

Axiom 1. Das Gesetz des Nennens

Der Wert einer nochmaligen Nennung ist der Wert der Nennung.

Das heißt, wenn ein Name genannt wird und dann noch einmal genannt wird, ist der Wert, der durch beide Nennungen zusammen bezeichnet wird, derjenige, der durch einen der beiden bezeichnet wird.

Das heißt, für jeden Namen: Wieder-Nennen ist Nennen.

Wenn der Inhalt Wert hat, kann gleichermaßen ein Motiv oder eine Absicht oder Anweisung, die Grenze in den Inhalt hinein zu kreuzen, herangezogen werden, um diesen Wert zu bezeichnen.

Somit kann das Kreuzen der Grenze ebenfalls mit dem Wert des Inhalts identifiziert werden.

Axiom 2. Das Gesetz des Kreuzens

Der Wert eines nochmaligen Kreuzens ist nicht der Wert des Kreuzens.

Das heißt, wenn beabsichtigt ist, eine Grenze zu kreuzen, und dann beabsichtigt ist, sie noch einmal zu kreuzen, ist der Wert, der durch die zwei Absichten zusammen bezeichnet wird, der Wert, der durch keine der beiden bezeichnet wird.

Das heißt für jede Grenze: Wieder kreuzen ist nicht Kreuzen.

2
FORMEN, DER FORM ENTNOMMEN

Konstruktion

Triff eine Unterscheidung.

Inhalt

Nenne sie die erste Unterscheidung.
Nenne den Raum, in dem sie getroffen wird, den Raum, der durch die Unterscheidung geteilt oder gespalten wird.
Nenne die Teile des Raumes, der durch die Teilung oder Spaltung gebildet wird, die Seiten der Unterscheidung oder wahlweise die Räume, Zustände oder Inhalte, die durch die Unterscheidung unterschieden werden.

Zweck

Lass jegliche Markierung, jegliches Token oder Zeichen zusammen mit der, oder in Bezug auf die Unterscheidung als ein Signal aufgefasst werden.
Nenne die Verwendung eines jeglichen Signals dessen Zweck.

<< Ende des Zitats

Trialektik

VIERTER TEIL

APHORISMEN

I ANTHROPOLOGISCHES

130. Der bevorzugte Sinn des Menschen ist das Sehen, er erschließt am meisten. – So oder so ähnlich hat es Aristoteles gesagt und er folgt darin Platons Linie, der die Form zur Idee machte und so die Welt im Bild und Sehen gründete. Dass das Sehen viel erschließt, ist unbestritten, aber ist es von daher zum wesentlichen Sinn zu erklären? Viel grundlegender als das Sehen – glaube ich – ist das Tasten im weitesten Sinne. Zwei Fragen zur Aufklärung: Wie oft haben wir die Augen geschlossen? Wie oft sind wir in unberührter Schwerelosigkeit?

131. Das weibliche Grundproblem heißt: „Bin ich falsch? – Was soll ich sein?" Das männliche Grundproblem lautet: „Will ich falsch? – Was soll ich wollen?"

132. Glück ist sprachlos.

133. Ein Beitrag zur Theorie der Evolution: Unsere Vorvorfahren krochen nicht auf ihren Flossen aus dem Meer aufs Land, sondern sie flogen mit ihren Flossen aus dem Meer hinaus in den Himmel. Unsere Vorfahren stiegen dann über die Bäume vom Himmel herab aufs Land und verloren letztendlich ihre Flügel.

134. Das Lebendige nährt sich sowohl vom Toten als auch vom Lebendigen. Licht und Wasser sind zum Beispiel zwei wesentliche Nährstoffe, ein toter und ein lebendiger. Im Sinne des Willens zur Macht verstanden, heißt „nähren" jedoch wesentlich mehr als Nahrung aufnehmen und dem Organismus einverleiben, es heißt auch nutzen und einbinden, so zum Beispiel das Haustier in die Belange des Hofes, als Funktion des Willens zur Macht seines Eigners. So wird Starkes über Schwaches Herr, Verschiedenes über Verschiedenes in verschiedenen Hinsichten. Wer gut basteln kann, wird darin vielleicht zur Funktion eines Erfinders – und dieser wiederum wird vielleicht zur Funktion eines Bankiers werden. Alle drei aber werden, als Lebendige, immer auch Funktionen gemäß ihres eigenen Willens zur Macht sein und Möglichkeiten zu ihrer Entfaltung finden. „Absolute Herrschaft ist nicht möglich, da Ausbeutung ein Grundtatbestand des Lebens ist." (Mein Freund René Hahn) Das stärkste Leben aber ist jenes, dessen Wille zur Macht am stärksten ist und daher am meisten Leben in sich vereint und umspannt und am intensivsten in sich zu einen und zu umspannen imstande ist.

Der Herrscher über eine Wüste ist ein Däumling gegen einen mächtigen Baum. Das Junge stellt das Alte in den Schatten … Auch wenn also das Leben und alles Lebendige keine Nullsumme ist, so ist es doch ein ständiges Werden und Vergehen, ein Überwältigen und Umrichten, ein Aufbrechen, Verdauen und Gebären. Welten kollidieren und wollen aneinander profitieren, alles tanzt!

135. Das ganze Phänomen des Wertes kommt überhaupt erst mit der Kunst auf.

136. Geld ist an jedem seiner Ursprünge das Abzeichen des Schöpferischen, gebunden an den kreativen Akt. Es ist erstes Materialisat, der Gehalt des ausgedrückten Gedankens. Sein Wert besteht in der Spiegelung der Urschöpfung, des jeweiligen Ur-Schöpfungsaktes. Unser schöpferisches Genie heben wir im Schatz auf und dasselbe ist es, was uns überhaupt den Schatz schätzen macht. Aus dem Schatz aber wird erst das Geld.

137. Das Geld hat seinen Wert nur verstanden als Schatz, als Spiegel einer Schöpfung. Die Blendung durch den Schatz verkehrt auch hier das Ende zum Anfang und macht nach etwas streben, das auf diesem umgekehrten Weg nie zu erreichen ist.

138. Kein Vermögen kommt durch Raub zustande! Es wechselt dadurch höchstens seinen Besitzer. Den Schaffenden gehört auf ewig die Welt.

139. Du schuldest niemandem irgendetwas! Du verpflichtest dich höchstens diesem oder jenem. Wenn du dich allem und jedem verpflichtest, bist du sehr, sehr schwach.

140. Bewusstsein ist eine bestimmte Art der Erinnerung.

141. Vorsicht! Allmachtgefühle sind Ohnmachtgefühle.

142. Der Größte ist der, der etwas mehr als das halbe Universum gegen sich hat – und es bezwingt.

143. Das „Recht" des Stärkeren, ich würde besser sagen, *das Gesetz des Besseren* gilt immer und überall. Es ist unumstößlich. Ich meine das sehr sachlich und umfassend. Wo etwas führt, da ist es besser, wo nicht, da nicht. Von hier fängt das richtige Denken an. Alles andere führt in völlige Verwirrung.

144. Man betrachtet es viel zu oft noch als etwas Großes, zuweilen sogar als das Größte, dass irgendwer sein Leben für etwas gibt und dafür stirbt. Viel größer aber ist es, für etwas zu leben!

145. Man wird vielleicht bald die Mittel dazu in der Hand haben, Häuser wachsen zu lassen wie Bäume. Das Haus wird dann zu einem wahrhaft lebendigen Ort werden. Eine organisch wachsende Hülle, vielleicht einem Baum gar nicht unähnlich, nur eben die Form dem Hausen entsprechend. Die Menschen werden dann nicht mehr mit der Natur leben, sondern – in einen gänzlich neuen Sinn gewendet – in und mit ihr.

146. Von der Einsamkeit der Schaffenden. – Was tun die Schaffenden? Sie schöpfen. Was nicht da war, das ist nun und harrt der Dinge, die da kommen. Es wartet auf seinen Zweck. Die Schaffenden sind notwendig „die Front". Wo sie je stehen bleiben, da geht es nicht weiter, da hört das Schaffen auf. Jeder Schritt ist eine Erfindung. *Ihr* Fuß betritt das neue Land – – – und niemand ist je da, um sie willkommen zu heißen. Nach ihnen, hinter ihnen ein Jammern und Frohlocken, da toben sie durcheinander, da nehmen sie das neue Land in Besitz, lobpreisen und bespucken sich. „Wohin nun?" So fragen Schaffende. Einen Schritt weiter, dorthin, wo niemand mich willkommen heißt; kein Fest bereitet ist – den Wagenden.

147. Als wir einst Götter wurden, war der Himmel grau und die Menschen waren Mäuse. – Dann brach die Bestie heraus. Die letzte Träne war geweint, der Ozean ertrunken.

148. Vom Volk der Schaffenden. – Das Volk der Schaffenden ist nicht geeint durch Blut oder Boden, *einen* Gott oder *einen* Glauben, ebenso wenig durch *ein* Ziel. Das Volk der Schaffenden ist eines durch einen gemeinsamen Habitus oder Charakter, eine bestimmte Art des Lebensvollzugs. Heilig ist ihnen das „Ja!". Das geht ins Blut. Das findet Boden. Das wird

zu Gott und mehr als Glauben. Den Schaffenden gehört auf ewig die Welt!

149. Es liegt in der Notwendigkeit der Dinge, dass der Schaffende mehr gibt als er empfängt.

II PHILOSOPHISCHES

150. Die Lehre der Skeptiker: Zweifle nicht!

151. Glück und Leid der Philosoph/in/en: in ihrer Zeit nicht durchzudringen, nicht erkannt und nicht verstanden zu werden – und damit unbehelligt zu bleiben.

152. Es gab einst Philosophen, und vielleicht gibt es sie noch immer, die fühlten sich fein lächelnd geschmeichelt, wenn sie jemand der Weltfremdheit zieh. Ich habe mich, wenn so etwas mich traf, heimlich dafür geschämt. – Und so ist es recht!

153. Eins steht fest: Man kann Verschiedenes und Gleiches an verschiedenen Orten lernen – und es gibt viel zu lernen. Wo aber gelehrt wird, da wird notwendig Güte am Verständnis gemessen. Verständnis in diesem Sinne aber ist „nur" Wiederholung. Insofern perpetuieren Akademien den Status quo. Die besten Abbilder sind ihr Erfolg, für Neubilder fehlt ihnen das Maß. Das Neue wächst daher immer *neben* der Akademie und wird dann zuweilen von ihr aufgenommen.

154. Platon habe ich verschlungen, Aristoteles gelesen und Nietzsche habe ich fast immer verehrt. Schopenhauer hat mich beim zweiten Anlauf überrascht und Diogenes Laertius hat mich im rechten Moment erheitert und mir die Philosophen wieder unter die Menschen gestellt.

155. Kant hat in seinem „Geheimen Artikel" an der richtigen Sache gerührt, aber den falschen Impuls dafür angegeben! Die Politiker sollen sich ruhig heimlich bei den Philosophen bedienen – wie alle anderen auch. Heimlich sollten sie dies aber tun, *nicht*, weil ansonsten *ihre* Würde, *ihr* Stolz oder die geheime Herrschaft der Priester (und priesterlichen Philosophen) bedroht wäre; sondern weil gerade von ihnen es sich der Philosoph verbitten sollte, in Anspruch genommen zu werden. – Ich verbitte es mir! Insbesondere von den allermeisten der heutigen!

156. Die Philosophie ist unsterblich, weil sich jeder Mensch die Welt immer wieder von Neuem aneignen muss.

157. Aristoteles' gewaltigster Irrtum war der vom ersten unbewegten Beweger.

158. Ein Satz reicht manchmal, um einen Philosophen unsterblich zu machen. Für mich Gilles Deleuzes: „Weder zu Furcht noch zu Hoffnung besteht Anlass, sondern nur dazu, immer neue Waffen zu suchen." – Und manchmal braucht es eine Muse wie meine, um auf solche Sätze aufmerksam gemacht zu werden.

159. Die letzten 2000 Jahre könnten auch unter der Überschrift „Analytik und Exegese des Todes" zusammengefasst werden. Die folgenden Jahre werden dasselbe in Bezug auf das Leben bringen.

160. Eine Linie. – Die Empfindung persönlicher Macht als Göttlichkeit. Die Erfindung eines Gottes aus Not. Die Pflege der Not in Gott. Die Überwindung der Not im Kampf. Die Idee, dass alles nur ein Fehler war.

161. Es gibt keine Strukturen, nur Menschen. Da, wo es sich vermeintlich um Strukturen handelt, haben Menschen übereinstimmende Meinungen zu bestimmten Dingen – und halten beharrlich an diesen Einstellungen fest. Alles hat Grenzen.

162. In Sachen der Weisheit braucht es kein Geheimnis. Die Falschen verstehen es falsch und die Richtigen richtig.

III POLITISCHES

163. „Absolute Herrschaft ist unmöglich, da Ausbeutung ein Grundtatbestand des Daseins ist." (René Hahn)

164. Ein entscheidendes Merkmal der heutigen Amerikaner, ihr größtes Potenzial und ihre größte Spannung vielleicht ist ihre Heimatlosigkeit. Sie klammern sich an Land und Haus und Boden, gerade weil dieser nicht ihr wahrer Schoß ist. Ihnen bleibt als einendes Element nur eine Idee. Dasselbe gilt für die in der Welt verstreuten Israelis, die im Affekt gegen diesen Affekt selbst noch den Boden ablehnen und in abstrakteren Besitz flüchten – vergeblich Heimat suchend.

165. Die Fairness liegt in der Konsequenz.

166. Man muss erst aufhören, an das Gute zu glauben, bevor man versteht, dass es nichts Böses gibt.

167. Nicht der Tod ist sicher; er ist vielleicht nicht einmal wahrscheinlich. Sicher ist immer das Leben – jetzt.

168. Die These von der Knappheit der Güter ist eine Irrlehre. Sie blendet die Möglichkeit der Innovation, der Erweiterung von Möglichkeiten und die Möglichkeit, etwas einfach anders zu machen, aus. Sieht man das nicht, gerät man letzten Endes vielleicht sogar in die Verlegenheit, mit der These von der Knappheit der Güter den Kampf um die letzte Scholle zu propagieren.

169. Wie man die Demokratie-Idiotie loswird? Konsequente Wahlverweigerung!

170. Amerikaner sind dumm, Russen sind dumpf, was dazu führt, dass die Ersten leicht zu euphorisieren und die Letzten extrem leidensfähig sind. Um Missverständnissen vorzubeugen, setze ich hinzu: Deutsche sind naiv, was dazu führt, dass sie beinahe alles glauben.

171. Man darf sich darüber nicht täuschen: Alles Gute entspringt aus dem Überschuss, alles Schlechte aus dem Mangel. Und „Was ist schlecht? Alles, was aus der Schwäche stammt." (Friedrich Nietzsche)

172. Ruhm und Ehre. – Was herrschen will, das tut gut daran, sich von Ruhm und Ehre zu verabschieden, was nicht heißt, dass es nicht gerühmt oder geehrt werden wird. Ruhm erkämpft man sich, Ehre wird einem erwiesen. Aber es ist leichter, etwas an- oder aufzunehmen oder sich einzuverleiben, wenn damit nicht auch noch die An- oder Aufnahme oder die Einverleibung der Ursache desselben verbunden ist. In manchen Dingen ist das schlichtweg zu viel verlangt. Vieles muss

daher lange auf seine Herrschaft warten, denn Ursprung und Ursache müssen erst verblassen, damit unbefangen Zwecke damit verknüpft werden können.

173. „Das Gute" war schon immer ein Vorwand. – Schaffen wir die Vorwände ab.

174. Es gibt keinen herrschaftsfreien Diskurs. Einer führt immer. Die Führung zulassen, insbesondere die durch andere, das macht den besseren Dialog – und nicht nur den.

175. Mit den Religiösen ist kein Staat zu machen. Sie finden nicht zu uns in die Welt und können mit uns nicht über dieselbe reden. Sie halten die Bedingungen der Welt für jenseits der Welt liegend und uns für Idioten, da wir ihren Grund nicht kennen.

176. Gleichstarke machen keine Verträge!

177. Geherrscht wird zu oft noch durch die Ausnutzung von Erpressungspotenzialen. Demgegenüber steht der unendlich bessere Weg, Gestaltungspotenziale zu nutzen.

178. Überschuss, Überschuss, Überschuss ... – lebendig sein! Aller Rätsel Lösung.

179. „Es ist absurd, dafür zu bezahlen, beherrscht zu werden." (Paul Veyne. Brot und Spiele.)

180. Ebenso wie manche Dinge ihren Startimpuls bei den größten Mächten finden, um alsdann in immer kleinere Machtsphären zur Weiterführung übertragen zu werden, wie zum Beispiel die Raumfahrt, ebenso werden manche anderen Dinge, die im Kleinsten beginnen, in immer größere Machtsphären hinaufgetragen, um schlussendlich in der größten Macht aufge-

hoben zu werden, so wie es Tesla für die elektrische Energie vorausgesagt hat.

181. Die Institutionalisierung des Sozialen und der damit einhergehende Zwang zur Solidarität gegen alles und jedes entwertet das soziale Wesen des Menschen und mindert dessen Ansehen. Zuletzt wird das soziale Moment dadurch in den Tod getrieben. Der soziale Instinkt verkümmert, wenn er vom Einzelnen nicht mehr gepflegt werden muss, da auch dies ihm gütig abgenommen wurde. Diese Hilfe-Apostel sind die Pest.

182. Deutschland und Europa sind seit mehr oder weniger 200 Jahren dabei, die Konsequenzen aus dem Tod Gottes zu ziehen – es fällt nichts vom Himmel. Die Aufrechterhaltung und, wo noch nötig, die konsequente Umsetzung der Trennung des Staates von den Religionen und Kirchen – und zwar von *allen* – ist in diesem Prozess von größter Bedeutung. Die konsequente Trennung und Entflechtung ist auch der unumgängliche Weg, auf dem sinnvoll mit gänzlich neuen oder nur zuziehenden Religiösen umgegangen werden kann. Es darf von daher zum Beispiel nicht sein, dass sich der Staat als Geldeintreiber für Kirchen verdingt, dass er seine Soldaten und Polizisten institutionalisiert Priestern zum Segnen anbietet, dass religiöse Vereinigungen subventioniert oder anderweitig besser gestellt werden, dass Religionen in staatlichen Schulen gelehrt werden ... Religiöse Vereinigungen sollten ausnahmslos und sphärendurchgreifend auf den Status von Vereinen herabgesetzt werden.

183. Ich glaube, dass, wo es noch Religion gibt, sie zu privat ist, als dass sie in Kirchen gepflegt werden könnte. Jeder ihre Göttin! Jedem sein Gott! – und gern auch in dieser Welt! – Das Ende den Priestern!

184. Auch Joseph de Maistre propagierte die Meinung, dass der Staat nur gedeihen könne, wo er sich als weltliche Macht

mit der religiösen vereine. Richtig ist umgekehrt, dass keine religiöse Macht sich halten kann, ohne sich mit der Welt und damit der weltlichen Macht zu vereinen. Auch deswegen ist das Christenwort, von wegen, man wolle *nur* die Seele, eine schamlose und stinkende Heuchelei! In diesem Sinne hat der Islam bis heute nicht geheuchelt, er verstand und versteht sich immer als weltliche Ordnung! – Sie ist nur so was von überaltert, diese Art weltlicher Ordnung von Gottes Gnaden, nicht nur Jahre, sondern ein ganzes Reich zurück. – Ich will sie nicht. Gott lebt da noch.

185. „Politik ist die genaue Bestimmung des Feindes" (Carl Schmitt) – Was für eine Offenbarung! Die Sklaven-Moral lebt – und hat die Ehre.

186. ... Sie konnten sich nicht von der Sklaverei verabschieden ... Es hätte gereicht, die Sklaven frei zu setzen. Alles, was dem entgegenstand, war die eigene Trägheit und Schwäche. Die „Herren" waren längst keine Herren mehr, nur noch Sklavenhalter, die zu erzwingen suchten, was einst selbstverständlich war ... Pöbel oben und unten ...

187. Tatsächlich ist es leichter, etwas zu zerstören, als etwas aufzubauen. Das Kaputtmachen geht auch schneller als das Aufbauen und Zusammenfügen. Insofern sind Vernichter gegenüber Schaffenden immer im Vorteil. Jedoch bringt eben die Zerstörung nichts zustande. Und so bedürfen auch die kleinen und großen Destruktiven notwendig der Tätig-Schöpferischen. – Den Schaffenden gehört auf ewig die Welt!

188. Mein Satz zur Religiosität lautet, dass sie etwas gänzlich Privates sei, das insbesondere in Kirchen oder Orden nicht gut aufgehoben ist. Sie gehört auf keinen Fall in den Staat. Die Freiheit von Religion, die Religionsfreiheit, ist meines Erachtens für jede Art von Staat nicht nur Möglichkeit, sondern Bedingung. Wo immer also eine christlich-abendländische Ent-

wicklung mit jüdischen Wurzeln als deutsche Tradition hochgehalten wird, da möchte ich darauf hinweisen, dass das Christentum und seine jüdischen Wurzeln erst über das antike Rom nach Deutschland kamen und dass noch Julius Caesar (100 bis 44 v. u. Z.) in seinem Bericht über den gallischen Krieg ausdrücklich erwähnte, dass die Germanen im Gegensatz zu den sehr religiösen gallischen Stämmen weder Druiden haben noch großen Wert auf Opfer legen. Unter die Götter zählen sie nur die, die sie wahrnehmen und deren Wirken ihnen augenscheinlich zu Hilfe kommt, die Sonne, den Mond und Vulkan. (vgl. Sechstes Buch 13 und 14, sowie 21ff) Gerade diese heute scheinbar fast vergessene deutsche Tradition möchte ich in der Welt und insbesondere in Deutschland und Europa bewahrt und gut aufgehoben wissen.

189. 2014!? Seit Beginn der Kriege des Westens in Afghanistan und im Irak erleben wir eine fortgesetzte Destabilisierung der Länder Nordafrikas und des Nahen und Mittleren Ostens. George W. Bush sprach einst in Hinsicht auf den Irak vom „Leuchtturm der Demokratie", der dort entstehen würde. Und versteht man unter Demokratie die Perpetuierung prekärer Machtverhältnisse, so hat er im schlechtesten Sinne recht behalten. Was im Irak auf grausamste Weise geschah, setzt sich jetzt mehr oder weniger blutig in anderen Staaten fort. Ägypten, Libyen, Jemen, Syrien ... die ganze Region wird aus ihren überkommenen Formen gestürzt. Und zwar ins Chaos, machen wir uns nichts vor. Ich möchte einen historischen Vergleich anstellen, um klarzumachen, wo wir uns befinden und vor allem, welche Aussicht sich daraus ergibt. Im Jahr 1789 fiel die französische Monarchie in einem furchtbaren Blutbad unter dem Banner von „Gleichheit, Freiheit und Brüderlichkeit". Der Zerfall fand seine Gegenbewegung in Napoleon und erst 25 Jahre später, als der Krieg einmal durch ganz Europa gezogen war, konnte die Republik mit dem Sturz Napoleons im Jahr 1814 endgültig ihren Sieg feiern. Ein Jahrhundert danach, im Jahr 1914, wurde mit dem Ausbruch des Ersten Weltkrieges

der Niedergang des gerade aufblühenden Deutschen Kaiserreiches und der übrigen in Europa noch bestehenden Monarchien eingeleitet. Hitler war die massive Gegenbewegung zu dieser Zersetzungsbewegung. Diesmal war die ganze Welt in den Krieg gezwungen und nach 1945 waren nicht nur aus Deutschland, sondern bemerkenswerterweise auch aus Japan demokratische Verfassungsstaaten geworden. In den letzten Jahrzehnten des vergangenen Jahrhunderts fielen auch die osteuropäischen staatszentral-sozialistischen Regimes und der amerikanisch-republikanische Kapitalismus obsiegte gegen die Union der sozialistischen Sowjetrepubliken. Diese Linie sehe ich mit den Ereignissen in Nordafrika, im Nahen und Mittleren Osten fortgesetzt. Es spricht also einiges dafür, dass spätestens dann, wenn der Zerfall auch die großen Nicht-Demokratien dieser Region wie Saudi Arabien oder den Iran erreichen wird, Gegenbewegungen an herausstechenden Persönlichkeiten kristallisieren werden. Dabei muss man bedenken, dass Gott in Europa bereits tot war, als Napoleon oder Hitler auf die Bühne traten. Ein gewisser religiöser Eifer kann zwar besonders um Hitler herum noch ausgemacht werden, jedoch wird dies, aller Wahrscheinlichkeit nach, nichts im Vergleich zu dem sein, was um einen islamischen Führer herum erwartet werden kann.

IV META...

190. Kredite sind und bleiben von Anfang an Betrügereien. Der Kreditgeber verleiht nichts, der Kreditnehmer entleiht nichts. Gegenüber Dritten aber geben beide dieses Nichts als

etwas aus – und zwar mit Erfolg! Das Geld, das sie leihen, haben beide nicht.

191. Am Ende wird der Anfang klarer.

192. Die Primzahlen scheinen mir in Zusammenhang mit der Dreidimensionalität der Daseinsformen und den Möglichkeiten ihrer Verbindung beziehungsweise ihres gegenseitigen Erfassens zu stehen.

193. Wir können „es" nur als „etwas" begreifen und nur als „Prozess" verstehen. – Wissen ist eine Attitüde.

194. Die Null ist gänzlich zu verwerfen oder völlig neu auszudeuten – und mit ihr die negativen Zahlen. Es gibt keine Verluste! Nichts ist nicht.

195. „0" (Null) ist nicht das Symbol für „nichts", sondern für „nicht" – und zwar „etwas nicht", zum Beispiel: kein Mehl. Das Zeichen ist vielleicht die Abbildung eines leeren Kruges oder einer leeren Schale.

196. „Harte Schläge haben ihren Endpunkt ein paar Zentimeter hinter dem anvisierten Ziel." (Bruce Lee)

197. Kommen wir zurück zum Kern. Warum noch mal waren wir hier? Ach ja! Es gab keinen Grund, wir hatten ihn erst zu erfinden oder, wenn uns das nicht gelingen würde, zumindest zu finden.

198. Zur Aufhebung des „Raumes". – Abstand ist nicht Weg. Es sind die Bedingungen, nicht der Weg, die den Flug kürzer machen.

199. Wer noch Gegner braucht, zeigt damit Schwäche.

200. *Feuer ist nicht Leben.* Wenngleich es Bewegung ist, so ist es doch nicht integrierende Wandlung oder aufbauende Synthesis im Sinne des Willens zur Macht, diejenige Bewegung also, die man Leben nennt. Vielmehr ist es zersetzende Spaltung, im besten Sinne Analysis. Wo ich in Ermangelung dieser Einsicht fehlgegriffen habe – mutmaßlich das ein oder andere Mal in meinem „Friedrich Nietzsches Übermensch" –, so bitte ich meine Leser, das bei sich zu korrigieren. Eindringlich vor Augen geführt wurde mir diese Tatsache durch Viktor Schaubergers Schriften. Wasser ist Leben und Wasser selbst ist lebendig – so seine Lehre.

201. Den Sprung macht das Wort. Der Begriff ist fließend. Den Fluss selbst greift das Wort und scheidet qua Namen. Die Namen jedoch können in ihrer Bedeutung sich übergreifen. Es gibt keine All-Gemein-Begriffe. In einem bestimmten Sinn werden mit Worten immer Aus- oder besser Heraus-nahmen bezeichnet.

202. Der Informationsgehalt eines ausgewogenen Berichtes ist null.

203. In Wahrheit ist der Fehler das Neue.

Trialektik

FÜNFTER TEIL
EIN ARCHITEKTONISCHER ENTWURF

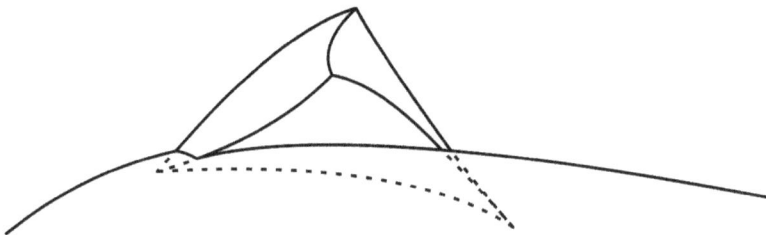

Dreiseitige „Pyramide", auf einer Kante stehend

204. Das Ganze ist gänzlich offen, abgesehen von den drei Seiten, die den Körper aufspannen. Es wirkt nicht nur eleganter, wenn das Bauwerk leichte Bögen und Wölbungen anstelle gerader Kanten und glatter Flächen zeigt. Mann müsste beinahe verbieten, Symmetrien einzubauen. Das Objekt könnte sich, wie skizziert, an einen Hügel schmiegen. Das Fundament kann, gleich dem Kielschwert eines Segelbootes, in den Boden rei-

chen und dort die asymmetrischen, leicht konkaven und konvexen Formen fortsetzen.[29]

Die Krönung wäre, wenn eine solche Form dereinst, ähnlich wie in Aphorismus 145. ausgesponnen, als etwas Lebendiges wachsen und leben und Lebendiges tragen und bergen würde – ein ganz eigentümlicher Garten ... In der Mitte schwebt ein Stein.

Ich habe ein gutes Leben gewählt.

Pierre Kynast
Merseburg an der Saale
Im Jahr 123 der Neuen Zeitrechnung[30]

---

[29] Wenn ich es richtig sehe, kann man solche Körper zu großer Kugel- oder Kegelähnlichkeit bringen, ohne ihr bestimmendes Moment – drei – zu verlieren. In der Kombination verschiedener solcher Körper sind vielleicht auch alle anderen geometrischen Formen abbildbar.

[30] Tag 1 der neuen Zeitrechnung ist der 30. September 1888. Vergleiche dazu: Friedrich Nietzsche. Der Antichrist. Aphorismus 62. sowie das „Gesetz wider das Christenthum." Zur abkürzenden Kenntlichmachung der neuen Zeitrechnung empfehle ich in ehrender Anerkennung des großen wagenden Friedrich Nietzsche die Abkürzung N.Z., was ebenso „Nietzsche" als auch „Neue Zeitrechnung" gelesen werden kann. Man könnte auch lesen: „Nach Zarathustra" ☺

ANHANG
LITERATUR

205. Es ist unmöglich, all die Fäden zusammenzuhalten oder auch nur aufzufinden, die an einem Gedanken mitgesponnen haben. Es sind unzählig viele Ereignisse, die aus verschiedensten Hintergründen einflossen, solide Grundsteine wachsen ließen, den Blick öffneten oder lenkten ... Wie viel Chaos steckt in einem Werk!

Fremde Schriften waren ein bedeutender Quell der Inspiration, aber bei Weitem nicht der einzige. Auf einige Personen und Werke, die mir im Zusammenhang dieses Buches besonders erwähnenswert erscheinen, habe ich bereits im Text verwiesen. Einige weitere Autoren und Bücher sollen hier genannt sein. Die folgende Liste von Werken spiegelt dabei auch meine Suche nach der Trialektik Verwandtem und zeigt, wie viel – oder besser: wie wenig Erfolg dieser Suche beschieden war. Das Wort „Trialektik" habe ich bisher nirgendwo anders gehört oder gelesen. Ich betrachte es als meine Schöpfung.

Albert Einstein. Grundzüge der Relativitätstheorie. *Sowie:* Über die spezielle und die allgemeine Relativitätstheorie.

Carl Deichmann. Das Problem des Raumes in der griechischen Philosophie bis Aristoteles.

Carl Friedrich von Weizsäcker. Die Einheit der Natur.

Clemens Baeumker. Das Problem der Materie in der griechischen Philosophie. Eine historisch-kritische Untersuchung.

Edmund Husserl. Die Krisis der europäischen Wissenschaften und die transzendentale Phänomenologie.

Erich Ludendorf. Kriegshetze und Völkermorden in den letzten 150 Jahren im Dienste des „allmächtigen Baumeisters aller Welten". Vernichtung der Freimaurerei durch Enthüllung ihrer Geheimnisse II. Teil.

Ernst Bloch. Die Lehren von der Materie, die Bahnungen ihrer Finalität und Offenheit.

Erwin Schadel. Trinität als Archetyp? Erläuterungen zu C. G. Jung, Hegel und Augustinus.

Franz Karl Graf Marenzi. Der dynamische Trialismus.

Friedrich Wolff. Trialismus der Evolution.

Gotthard Günther. Das Bewusstsein der Maschinen. Eine Metaphysik der Kybernetik. *Sowie:* Entdeckung Amerikas (Apokalypse Amerikas). Aus dem Nachlass der Berliner Staatsbibliothek Kasten 27, Mappe A-E; gekürzt und zusammengefasst von Gernot Brehm.

Géza Révész. Die Trias. Analyse der dualen und trialen Systeme.

Hermann Weyl. Was ist Materie? Zwei Aufsätze zur Naturphilosophie.

Hans-Georg Gadamer. Wege zu Plato. *Sowie:* Der Anfang der Philosophie. *Sowie:* Der Anfang des Wissens.

Heraklit. Überlieferte Fragmente.

Horst B. Hiller. Raum – Zeit – Materie – Unendlichkeit. Zur Geschichte des naturwissenschaftlichen Denkens.

Joan Stambaugh. Untersuchungen zum Problem der Zeit bei Nietzsche.

Johann Jakob. Die Grundlagen unserer naturwissenschaftlichen Erkenntnis. Eine naturphilosophische Betrachtung über das Raum-Zeit-Materie-Problem.

K.-D. Hohmann. Parmenides und die Drei. Entwurf einer neuen Ontologie.

Karlheinz Kannegiesser. Raum-Zeit-Unendlichkeit.

Max Jammer. Das Problem des Raumes. Die Entwicklung der Raumtheorien.

Norbert Wendel. Logische Grundlagen der Physik. Eine einheitliche Theorie von Raum, Zeit und Materie.

Peter Janich. Das Maß der Dinge. Protophysik von Raum, Zeit und Materie.

Robert Abendroth. Das Problem der Materie. Ein Beitrag zur Erkenntniskritik und Naturphilosophie.

Spinoza. Ethik. In geometrischer Weise dargestellt und in fünf Teile geschieden.

Ulrich Schöndorfer. Philosophie der Materie.

Werner Gent. Das Problem der Zeit. Eine historische und systematische Untersuchung.

Pierre Kynast
FRIEDRICH NIETZSCHES ÜBERMENSCH
Eine philosophische Einlassung
2006

Dieses durchaus bedenkliche Buch erklärt den Gedanken des Übermenschen aus dem Werk Friedrich Nietzsches. Es nimmt viele der gefährlichen Gedanken Nietzsches auf, ohne sie zu kritisieren, objektivierend aufzuweichen oder zu verdammen, und zeigt deren Zusammenhang mit der Idee des Übermenschen. Über die Klärung dieser Idee führt das Buch gleichzeitig in die Philosophie Nietzsches ein und macht dessen Ansätze zu einer Philosophie der Zukunft greifbar.

Pierre Kynast `
DER VERHINDERTE TÄNZER
Tausend Geschichten, tausend Fragen und ein paar Antworten
2003

Das Buch zeichnet heiter und gefühlsintensiv ein Erwachsen-Werden im sich wieder vereinigenden Deutschland in den letzten Jahren des vergangenen Jahrtausends. Der Untertitel beschreibt das Programm: Tausend Geschichten, tausend Fragen und ein paar Antworten. Es geht um das Leben, die große Liebe und das große Los – um all die Unmöglichkeiten, Zerwürfnisse und goldenen Blitze im Alter von 1 bis 30.

www.ingramcontent.com/pod-product-compliance
Lightning Source LLC
Chambersburg PA
CBHW032003080426
42735CB00007B/495